Für Diktate üben 5

Annerose Friedrich
Irmhild Kleinert
Marianne Neudecker

westermann

Inhalt

Liebe Lehrerinnen, liebe Lehrer, liebe Eltern,
bevor Sie Ihren Schülerinnen und Schülern bzw. Ihren Kindern die Hefte zum Üben geben, sollten Sie bitte das mittlere Doppelblatt heraustrennen. Nur so ist gewährleistet, dass die weiteren Übungsdiktate nicht vorzeitig zur Kenntnis genommen werden. Lösungen zur selbstständigen Kontrolle sind für die Schülerinnen und Schüler ab Seite 47 zu finden.

Liebe Schülerinnen und Schüler,
wir hoffen, dass ihr mit diesem Heft weiterhin viel Spaß an Rechtschreibübungen habt.
Am Schluss des Übungsheftes könnt ihr nachschauen, ob ihr die Aufgaben richtig gelöst habt.

Viel Spaß!

© 2006 Bildungshaus Schulbuchverlage Westermann Schroedel Diesterweg Schöningh Winklers GmbH, Georg-Westermann-Allee 66, 38104 Braunschweig
www.westermann.de

Druck A[11] / Jahr 2023
Alle Drucke der Serie A sind im Unterricht parallel verwendbar.

Die Seiten dieses Produkts bestehen zu 100 % aus Altpapier.
Damit tragen wir dazu bei, dass Wald geschützt wird, Ressourcen geschont werden und der Einsatz von Chemikalien reduziert wird. Die Produktion eines Klassensatzes unserer Arbeitshefte aus reinem Altpapier spart durchschnittlich 12 Kilogramm Holz und 178 Liter Wasser, sie vermeidet 7 Kilogramm Abfall und reduziert den Ausstoß von Kohlendioxid im Vergleich zu einem Klassensatz aus Frischfaserpapier. Unser Recyclingpapier ist nach den Richtlinien des Blauen Engels zertifiziert.

Redaktion: Susanne von Ahn
Herstellung: Sandra Grünberg
Illustrationen: Gerlinde Doerfler
Umschlaggestaltung: Gerlinde Doerfler, Heike Rieper
Satz: typografix design, Braunschweig
Druck und Bindung: Westermann Druck GmbH, Georg-Westermann-Allee 66, 38104 Braunschweig

ISBN   978-3-14-**122175**-6

Märchen

Die Begegnung mit dem Zwerg

Vor langer Zeit lebte in einem kleinen Dorf auf einem einsamen Hof ein Geschwisterpaar. Jeden Morgen mussten sie zur Schule ins nächste Dorf.

Eines Tages, als sie wieder auf dem steinigen Weg zur Schule waren, hörten sie es
plötzlich leise rascheln und eine piepsige Stimme rief: „Warum wollt ihr denn zur
Schule gehen, kommt doch mit mir." Erschrocken schauten sich die Kinder um. Hinter
einem großen Stein entdeckten sie ein winziges Männlein. Es blickte sie freundlich an
und lud sie ein, ihm in sein Reich zu folgen.

Fragend schaute der Junge seine Schwester an. Sie nickte aufmunternd, fasste ihn
an der Hand und fröhlich folgten sie dem Zwerg. Er führte sie zu einem hohlen Baum.
Davor lag im Gras ein goldener Schlüssel.

lebte, fragend, Geschwisterpaar, nächste, steinigen, piepsige Stimme, aufmunternd,
rief, fasste, davor, mussten, jeden Morgen, wollt, erschrocken, blickte, entdeckten, lud,
einsamen, plötzlich, nickte, waren, fröhlich, eines Tages, führte, Männlein

1 Unterstreiche im Text die Wörter aus dem Kasten!

2 Was rief die piepsige Stimme?

Sie rief: _____

_____

3 Suche die Sätze im Text und ergänze die fehlenden Wörter!

_____ schauten sich die Kinder um.

Hinter einem großen Stein _____ sie ein

_____ _____ .

Es _____ sie freundlich

an und _____ sie ein,

_____ in sein Reich zu folgen.

DIE BEGEGNUNG MIT DEM ZWERG

VOR LANGER ZEIT LEBTE IN EINEM KLEINEN DORF AUF EINEM EINSAMEN HOF EIN GESCHWISTERPAAR. JEDEN MORGEN MUSSTEN SIE ZUR SCHULE INS NÄCHSTE DORF. EINES TAGES, ALS SIE WIEDER AUF DEM STEINIGEN WEG ZUR SCHULE WAREN, HÖRTEN SIE ES PLÖTZLICH LEISE RASCHELN UND EINE PIEPSIGE STIMME RIEF: „WARUM WOLLT IHR DENN ZUR SCHULE GEHEN, KOMMT DOCH MIT MIR." ERSCHROCKEN SCHAUTEN SICH DIE KINDER UM. HINTER EINEM GROßEN STEIN ENTDECKTEN SIE EIN WINZIGES MÄNNLEIN. ES BLICKTE SIE FREUNDLICH AN UND LUD SIE EIN, IHM IN SEIN REICH ZU FOLGEN. FRAGEND SCHAUTE DER JUNGE SEINE SCHWESTER AN. SIE NICKTE AUFMUNTERND, FASSTE IHN AN DER HAND UND FRÖHLICH FOLGTEN SIE DEM ZWERG. ER FÜHRTE SIE ZU EINEM HOHLEN BAUM. DAVOR LAG IM GRAS EIN GOLDENER SCHLÜSSEL.

4 Schreibe den Text ins Heft richtig ab. Unterstreiche zunächst die Satzanfänge und Nomen. Dann weißt du, welche Wörter großgeschrieben werden.

5 In dem Text werden viele Nomen durch ein Wiewort (Adjektiv) genauer beschrieben. Kreise zuerst die Wiewörter mit den Nomen ein! Schreibe sie dann mit Begleiter (Artikel) und Nomen auf!

Beispiel:

die lange Zeit

ein kleines Dorf

ein _____ Hof

_____ Dorf

_____ Weg

_____

_____

_____

_____

_____

_____

Achtung:
Nomen schreibt man groß.
Adjektive sind Wiewörter.
Man schreibt sie klein.
die lange Zeit

6 Schreibe die Verben aus dem Verbensack in die Tabelle.
Ordne jedem Verb die Vergangenheitsform (Präteritum) zu.

leben   sein   müssen   blicken   fassen   gehen   lassen   wollen   entdecken   folgen   rufen   hören   liegen   führen   kommen   nicken   einladen

Grundform (Infinitiv)

1. Vergangenheit (Präteritum)

leben _____   er lebte _____

_____   es _____

_____   wir _____

_____   ich _____

_____   er _____

_____   ihr _____

_____   du _____

_____   wir _____

_____   ich _____

_____   es _____

_____   ihr _____

_____   du _____

_____   er _____

_____   es _____

_____   wir _____

_____   ihr _____

_____   du _____

7 Bilde mit den nachstehenden Verben das Partizip wie unten im Beispiel.

Grundform (Infinitiv)	Partizip
aufmuntern	aufmunternd
leben	lebend
fragen	
rascheln	
kommen	
piepsen	
entdecken	
einladen	
folgen	
nicken	
führen	
liegen	
tanzen	

8 Einige Wörter (Partizipien) aus Aufgabe 7 passen in folgende Sätze:

Ein winziges Weiblein blickte die Prinzessin ////////////// _____ an.

Die Hexe streckte ///////////// _____ die Hand aus.

Das Männlein verschwand mit dem Kopf ////////// _____ in einem hohlen Baum.

Der Spur //////// _____ kamen die Kinder wieder nach Hause.

Unter dem Baum //////// _____ entdeckte er ein Vogelnest.

Die Kinder schauten den Zauberer //////// _____ an.

Die Zwerge liefen ////////// _____ durch das Laub.

9 Sortiere die Wörter in Wortfamilien und schreibe diese in die Schatzkisten!
Kreise zuerst die zusammengehörenden Wörter mit der gleichen Farbe ein.

Ein Wort passt nicht! Wie heißt es? _____

der Kuss

der Reisepass

passend

musste

müssen

hassen

gehässig

küssen

gefasst   verlassen   lassen

gemusst

passen   nass   fassen

geküsst   hasserfüllt

verpassen   lässt

das Fass   der Anlass

der Hass

10 Partnerdiktat – diktiert euch den Text!

Ein riesiges Fass rollte auf den Weg der Kinder. Sie mussten ihn verlassen.
Plötzlich schaute ein Kobold hinter dem Fass hervor und rief: „Es ist nicht zu fassen,
alles muss passen. Nur so konnte ich euch finden und den Zauber überwinden."

Steinzeit

Die Elefantenjagd

Imo und Keno waren im Wald und suchten Beeren und andere Früchte. Ihr Korb
war schon halb voll. Da erblickte Imo plötzlich auf dem Waldboden Spuren. Er bückte
sich, um sie genauer zu sehen. Erschrocken rief er seinen Freund und zeigte ihm seine
Entdeckung. Beide waren überzeugt, dass es Elefantenspuren waren. Schnell liefen sie
zu ihrer Wohnhöhle. Ein Waldelefant bedeutete für die Horde Nahrung für lange Zeit,
warme Kleidung und Material für Werkzeug, Waffen und Schmuck. Lange hatte die
Horde keinen Waldelefanten mehr gefangen. Als Imo und Keno die Männer vor der
Höhle sahen, schrien sie aufgeregt: „Ein Elefant! Ein Elefant!" Die Männer ließen ihre
Arbeit liegen und folgten den Jungen zu der Fundstelle. Sofort untersuchten sie, wohin
die Spuren führten und woher sie kamen. Am gleichen Abend plante die Horde die
schwierige und gefährliche Elefantenjagd.

1 Suche Wörter mit -ie im Text und schreibe sie in den Stein.

_____

_____

2 Suche das verwandte Nomen oder Verb im Text und schreibe es auf.

Nomen mit Artikel	Verben
die Bedeutung	_____
der Blick	_____
der Schrei	_____
die Überzeugung	_____
_____	entdecken
der Plan	_____
_____	ernähren
_____	finden
der Schreck	_____
_____	schmücken

Aufgaben zum Text

3 Wörterrätsel: Du findest die Wörter im Text auf Seite 8.

1. Fußabdrücke auf dem Boden
2. eine Wohnung im Felsen
3. eine wichtige Aufgabe der Männer in der Steinzeit
4. Früchte an Sträuchern
5. Ausgrabungsort

6. man braucht es, um etwas herzustellen
7. ohne sie verhungert man
8. Sammelbehälter für Früchte
9. Geräte zum Arbeiten
10. eine Gruppe von Steinzeitmenschen

4 Die Menschen sammelten ab dieser frühen Zeit verschiedene Früchte.
Beschrifte die gezeichneten Beeren.

beere

JOHANNIS
HEIDEL
BROM
HIM
HOLUNDER
PREISEL
ERD
STACHEL

5 Suche zusammengesetzte Nomen mit dem Wort „Korb" und schreibe sie auf.

_____

_____

6 Ordne die folgenden Wörter nach dem Alphabet.
Schreibe zuerst 1–6 in die Steine und dann die Wörter geordnet daneben.

erblickte _____

Blick _____

Augenblick _____

augenblicklich _____

Blickrichtung _____

Anblick _____

erschrocken _____

Schreck _____

aufschrecken _____

schrecklich _____

schreckhaft _____

erschreckte _____

führten _____

geführt _____

Führung _____

ausführen _____

eingeführt _____

Anführer _____

plante _____

Plan _____

Stundenplan _____

planlos _____

Spielplan _____

einplanen _____

7 – Ordne die Nomen im Elefanten nach dem Alphabet.
   – Suche ein passendes Adjektiv (Wiewort) aus dem Bären und
     schreibe beide zusammen mit Artikel (Begleiter) auf.

Höhlenbär
Schmuck
Spur
Schlucht
Speerspitze Korb Elefantenjagd
Material Nahrung Kleidung

deutlich wertvoll warm
kunstvoll mühsam
schwer
schwierig dunkel
gefährlich tief
roh hart

_____

_____

_____

8 Vervollständige die Sätze.

Die Jäger der Horde saßen beim Feuer und erzählten von ihren Jagderlebnissen.

Timo _war auf der Bärenjagd._

Keno _____

Urs _____

Roka _____

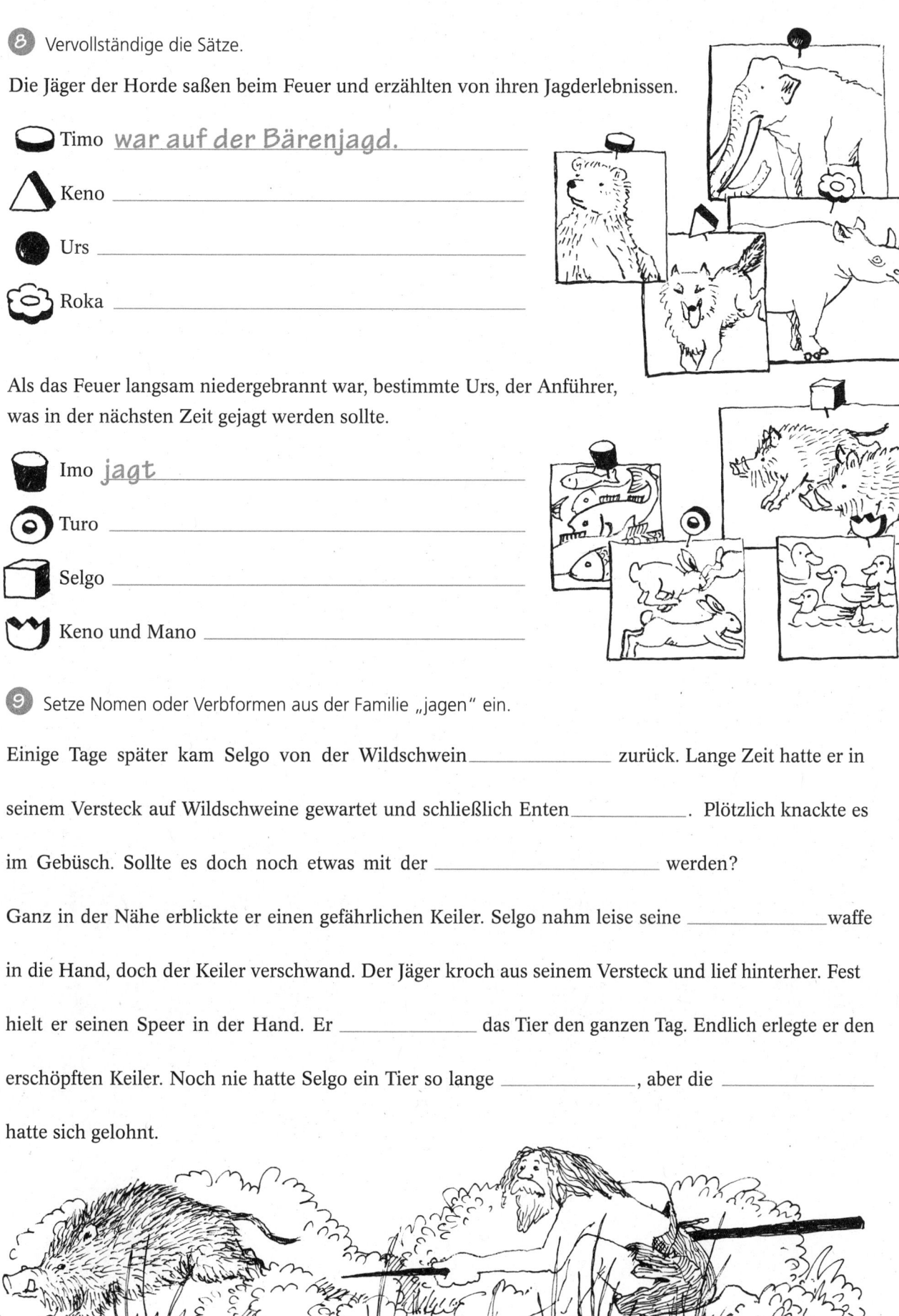

Als das Feuer langsam niedergebrannt war, bestimmte Urs, der Anführer,
was in der nächsten Zeit gejagt werden sollte.

Imo _jagt_ _____

Turo _____

Selgo _____

Keno und Mano _____

9 Setze Nomen oder Verbformen aus der Familie „jagen" ein.

Einige Tage später kam Selgo von der Wildschwein_____ zurück. Lange Zeit hatte er in

seinem Versteck auf Wildschweine gewartet und schließlich Enten_____. Plötzlich knackte es

im Gebüsch. Sollte es doch noch etwas mit der _____ werden?

Ganz in der Nähe erblickte er einen gefährlichen Keiler. Selgo nahm leise seine _____waffe

in die Hand, doch der Keiler verschwand. Der Jäger kroch aus seinem Versteck und lief hinterher. Fest

hielt er seinen Speer in der Hand. Er _____ das Tier den ganzen Tag. Endlich erlegte er den

erschöpften Keiler. Noch nie hatte Selgo ein Tier so lange _____, aber die _____

hatte sich gelohnt.

10 Schreibe den Text von Aufgabe 9 ins Heft.

11 Schreibe die folgenden Wörter mit Silbentrennstrich auf.
Wenn du unsicher bist, kontrolliere mit dem Wörterbuch!

Fundstelle _____ führten _____

überzeugt _____ Nahrung _____

erschrocken _____ Werkzeug _____

schwierige _____ ließen _____

gefährliche _____ Spuren _____

Beeren _____ plötzlich _____

Wohnhöhle _____ Speerspitze _____

Material _____ Elefantenjagd _____

erblickte _____ Feuerstein _____

bückte _____ Entdeckung _____

12 Silbenrätsel

ber, er, Fel , Feu, Jagd, le, Mo, na, Nah, Rück, rung, schlucht, sen,
ser, Speer, speer, spit, steck, stein, stel, te, Ver, Was, weg, Wurf, zau, ze

Damit kann man Funken schlagen _____

Gefährlichster Teil des Speeres _____

Beschwörung für Jagderfolg _____

Dort holt man das Wasser _____

Tiefer Einschnitt in den Felsen _____

Gegenteil von Hinweg _____

Einteilung des Jahres _____

Dort ist man schwer zu finden _____

Waffe der Steinzeitmenschen _____

Wichtig zum Leben _____

13 Je fünf Wörter sind verwandt.
Verbinde sie und schreibe sie unten auf.

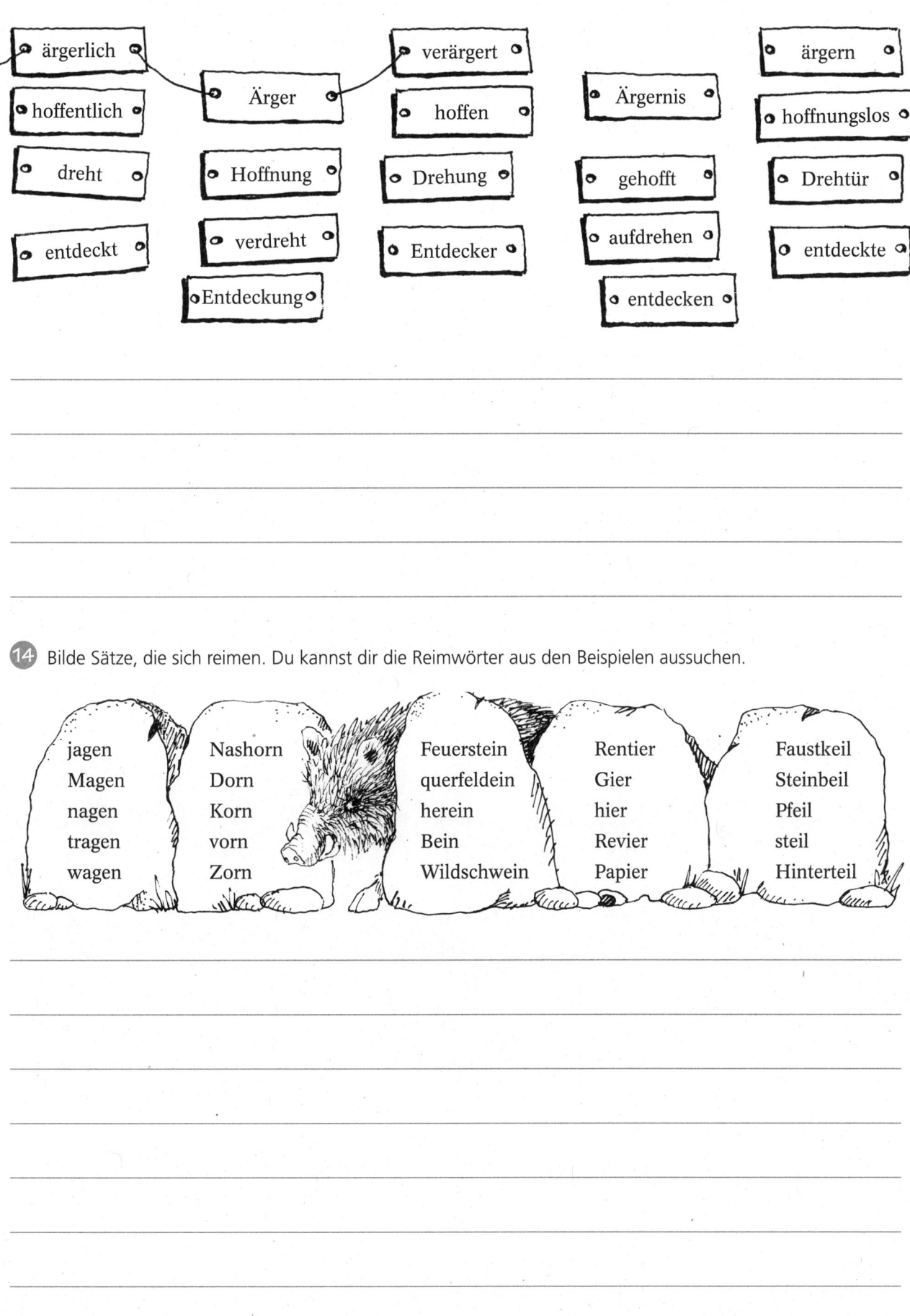

ärgerlich	Ärger	verärgert	Ärgernis	ärgern
hoffentlich		hoffen		hoffnungslos
dreht	Hoffnung	Drehung	gehofft	Drehtür
entdeckt	verdreht	Entdecker	aufdrehen	entdeckte
	Entdeckung		entdecken	

_____

_____

_____

_____

14 Bilde Sätze, die sich reimen. Du kannst dir die Reimwörter aus den Beispielen aussuchen.

jagen	Nashorn	Feuerstein	Rentier	Faustkeil
Magen	Dorn	querfeldein	Gier	Steinbeil
nagen	Korn	herein	hier	Pfeil
tragen	vorn	Bein	Revier	steil
wagen	Zorn	Wildschwein	Papier	Hinterteil

_____

_____

_____

_____

_____

_____

Magnetismus

Zauberei

„Macht es gut!", ruft Frau Schneider ihren beiden Mädchen zu und fährt zum Arzt. Ärgerlich schaut Katrin hinter ihr her. Seit Mutter krank ist, muss sie immer auf Tine, ihre kleine Schwester, aufpassen. Und schon ruft Tine: „Katrin, was spielen wir?" „Wenn ich das nur wüsste", denkt Katrin. Sie geht in ihr Zimmer und bemerkt das Geschenk ihres Vaters auf dem Schreibtisch. Da hat sie eine Idee. Sie besorgt sich Pappe und eine Münze. Schnell zieht sie ein schwarzes T-Shirt an und setzt sich den Zauberhut auf. „Abrakadabra, die Vorstellung beginnt!", ruft sie laut. Tine setzt sich und schaut gespannt auf Katrins große Pappe. Was sie sieht, kann sie kaum glauben. Eine Münze sitzt an der senkrechten Pappe und fällt nicht herunter. Plötzlich bewegt sie sich, wandert hinauf, dreht eine Kurve und bleibt in der Mitte stehen. Tine will den Zaubertrick immer wieder sehen. Katrin lässt die Münze jedes Mal neue Figuren tanzen. Dabei passt sie auf, dass Tine ihren Magneten hinter der Pappe nicht entdeckt.

ärgerlich, entdeckt, Zaubertrick, lässt, aufpassen, Kurve, Münze, beginnt, T-Shirt, Vorstellung, gespannt, setzt, Pappe, Figuren, senkrecht, Arzt, dreht, jedes Mal, Magnet, tanzen, Zauberhut, herunter, Idee, Geschenk, Zimmer

1 Diktiert euch die Wörter aus dem Kasten.

2 Wie heißen die Wörter? Schreibe sie daneben.
Du findest sie im Kasten von Aufgabe 1.

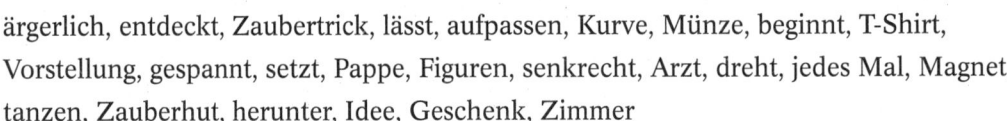

③ Unterstreiche im Text auf Seite 14 die wörtliche Rede mit blauem und den Begleitsatz mit rotem Stift.

④ Schreibe die unterstrichenen Sätze in dein Heft.

⑤ Ergänze das Gespräch zwischen der Mutter, Katrin und ihrer kleinen Schwester und setze die Redezeichen ein.

Katrin fragt die Mutter: _____

Die Mutter erwidert: _____

_____

Katrin mault: _____

_____

Ihre Schwester bittet: _____

Katrin geht in ihr Zimmer und kommt mit einer Pappe zurück.

_____, fragt Tine.

_____, antwortet Katrin.

Wie könnte das Gespräch zwischen Katrin und Tine weitergehen?

_____

_____

_____

⑥ Setze die Redezeichen ein.

Frau Schneider kommt zurück. Ich bin wieder da! , ruft sie. Tine läuft auf sie zu und erzählt: Katrin hat gezaubert. Überrascht fragt Frau Schneider: Katrin kann zaubern? Ich beweise es dir , schlägt Katrin vor. Da bin ich aber gespannt , erwidert Frau Schneider. Ja, ja, ich möchte es auch noch einmal sehen! , schreit Tine aufgeregt.

7 Setze in den Text die Verben aus dem Stabmagneten ein.

beginnen	rennen	entspannen	können	erkennen	gewinnen
nennen	erinnern	brennen	kommen	können	

Paul und Katrin kommen aus der Pause _ _ _ _ _ _ _. Die Physikstunde _ _ _ _ _ _ _. Der

Lehrer behauptet, dass er zaubern _ _ _ _. Paul _ _ _ _ _ _ _ seine Chance und setzt dagegen.

Der Lehrer _ _ _ _ _ die Versuchsbedingungen. Sofort _ _ _ _ _ _ _ _ sich Paul an eigene

Versuche mit seinem Stabmagneten. Er _ _ _ _ _ _ diesen Versuch selbst vorführen. Während die

anderen gespannt dem Lehrer zuschauen, lehnt er sich _ _ _ _ _ _ _ _ _ zurück.

Er _ _ _ _ _ _ darauf, den Trick aufzudecken. Auf ein Zeichen des Lehrers _ _ _ _ _ er nach

vorne und wiederholt den Versuch. „Ich habe nicht geglaubt, dass du _ _ _ _ _ _ _ _", sagt der

Lehrer.

8 Im Magnetberg sind die Gegenwartsformen (Präsens) der Verben aus dem
Text eingeschlossen. Die Vergangenheitsformen (Präteritum) werden vom
Berg angezogen. Suche die Pärchen, streiche sie durch und schreibe sie auf.

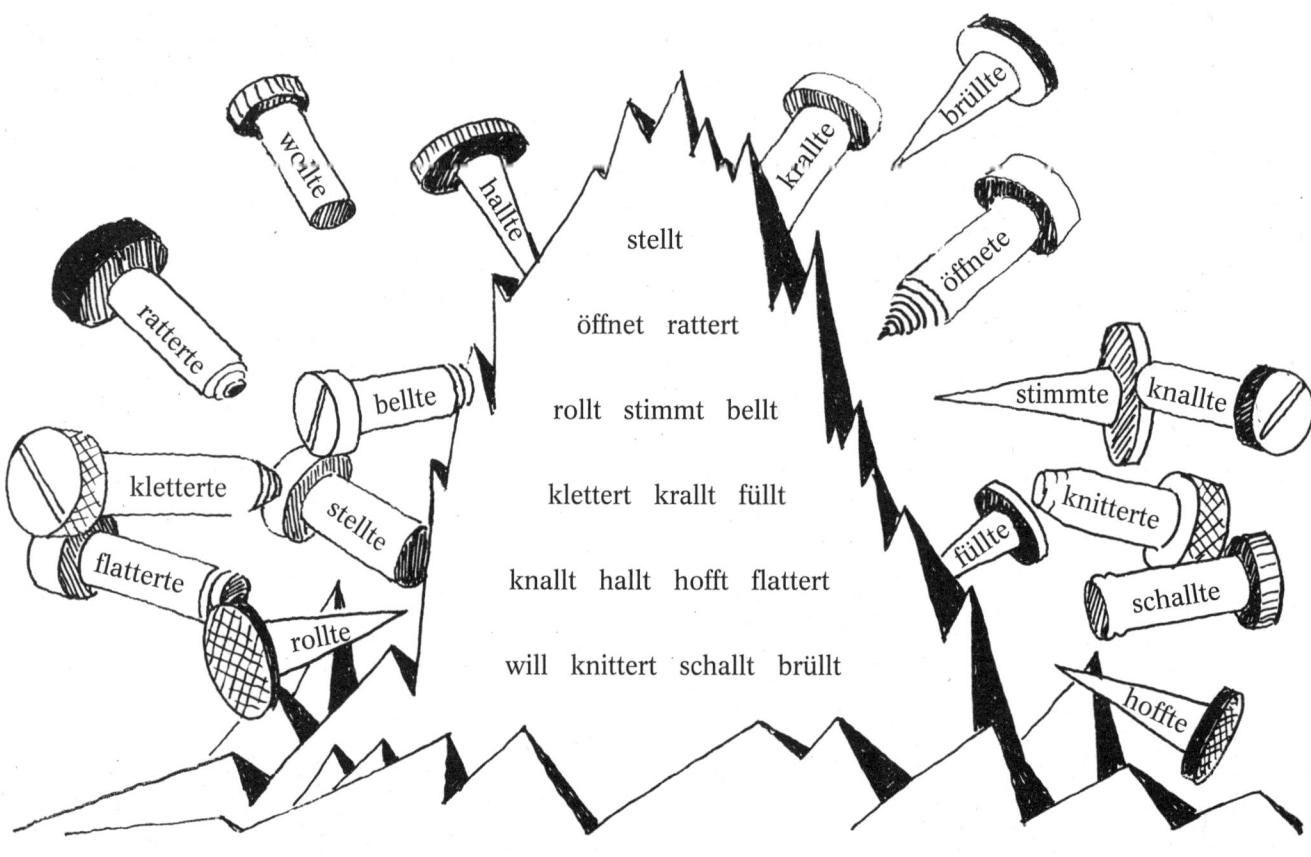

9 Wie viele Wörter findest du? Male sie an und schreibe sie auf.
Nimm nur Wörter, die mindestens drei Buchstaben haben.

S	E	N	F	I	G	U	R	E	N	Ä
S	T	Ä	N	D	I	G	N	T	O	R
K	U	R	V	E	O	P	L	A	T	Z
I	N	G	G	E	S	P	A	N	N	T
S	G	E	T	A	N	A	R	N	T	E
W	I	R	K	N	A	P	P	E	A	N
O	E	L	L	A	M	P	E	N	N	N
G	R	U	P	P	E	E	N	I	Z	U

_____

_____

_____

_____

10 Trenne die Wörter mit Strichen ab. Setze nach jedem Satz einen Punkt und schreibe den Text auf.

STÄNDIGDREHTSICHDERMAGNETDUMUSSTAUFPASSENGLEICHFÄLLT

ERHERUNTERKATRINLÄSSTDIEMÜNZEJEDESMALNEUEFIGUREN

TANZENSIEMUSSAUFPASSENDENNBEIMÜBENFIELDIEMÜNZE

STÄNDIGHERUNTER

_____

_____

_____

_____

11 Wer fängt die meisten Fische? Schreibe wie im Beispiel.

jedes Mal _____ die Male _____

12 Schreibe Sätze auf. Verwende die Wörter aus Aufgabe 11.

<u>Beim letzten Mal habe ich mehr Fische gefangen als dieses Mal.</u>

13 Aus diesen Wörtern kannst du zusammengesetze Nomen mit dem Wort Magnet bilden.
Achtung: Dreimal steht das Wort Magnet hinten.

POL   KRAFT   TAFEL   FELD

Schreibe alle Verben auf die Linien im Norden und im Süden,
die Adjektive auf die Linien im Westen und die Nomen in den Osten.

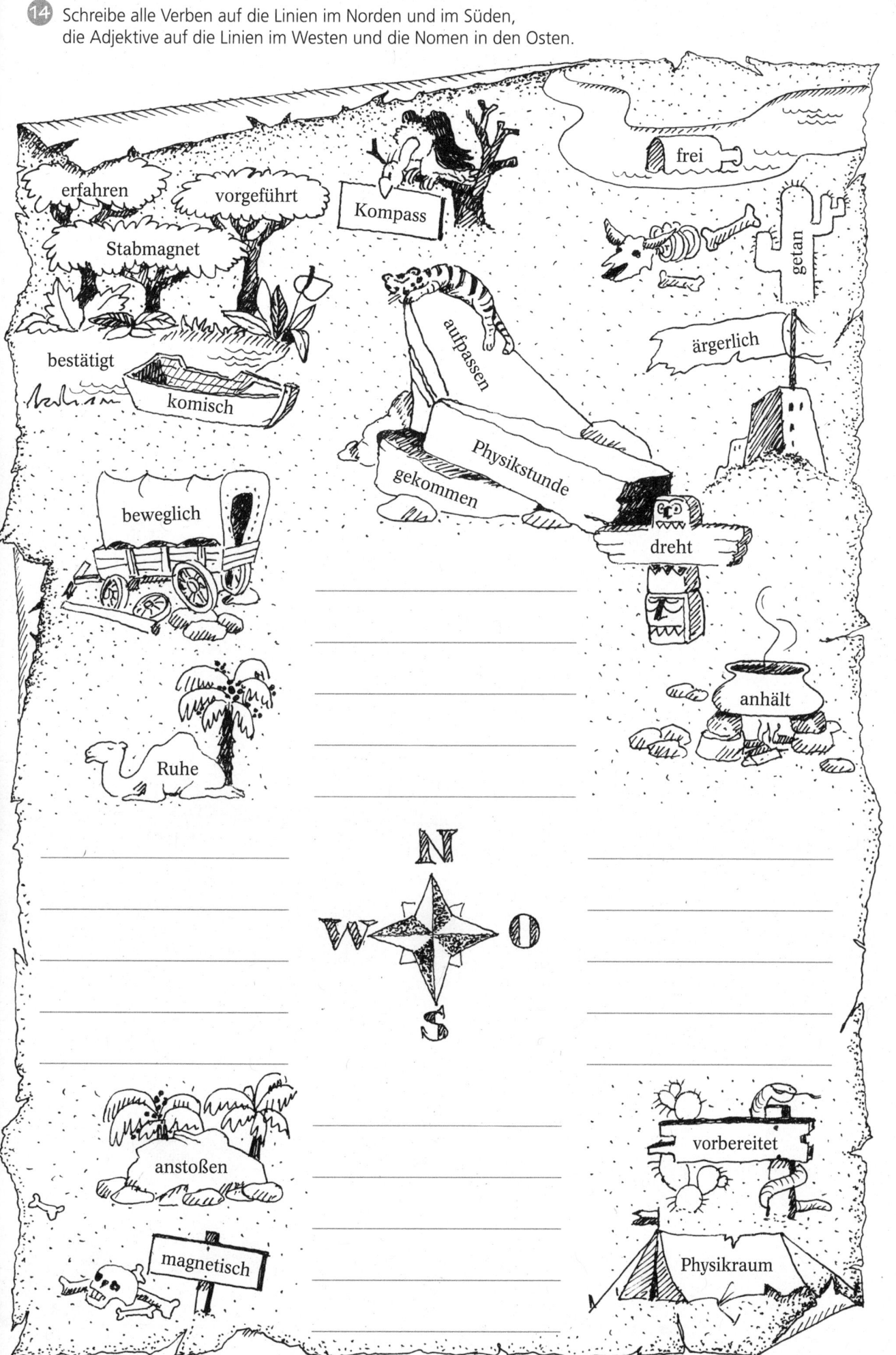

erfahren

vorgeführt

Kompass

frei

Stabmagnet

getan

bestätigt

komisch

ärgerlich

aufpassen

Physikstunde

gekommen

dreht

beweglich

anhält

Ruhe

anstoßen

vorbereitet

magnetisch

Physikraum

N
W   O
S

Überwinterung

Fledermäuse

Es dämmert schon. Der Biologe Klaus Grün sitzt in seinem Garten und genießt den Herbstabend. Plötzlich fliegt ein Schatten über seinen Kopf. Sofort denkt er an Fledermäuse und bleibt still sitzen. Wieder und wieder kreist das Tier über ihm und flattert an den Bäumen entlang. Schon immer hat ihn interessiert, wie die Fledermäuse sich im Dunkeln zurechtfinden. Sie orientieren sich mit Ultraschall. In kurzen Abständen stoßen sie für uns unhörbare, sehr hohe Töne aus. Treffen die Töne auf Gegenstände, werden sie zurückgeworfen. Mit ihren großen Ohrmuscheln fangen die Fledermäuse das Echo auf. Kommt der Schall schnell zurück, ist das Hindernis ganz nah. Auf diese Weise orten sie auch die Insekten. Klaus Grün weiß, dass Fledermäuse sich im Herbst einen Fettvorrat anfressen. Im Winter leben sie davon. Sie hängen dann in ihrem Winterquartier kopfunter an der Decke und schlafen bis zum Frühling.

Fledermäuse, hängen, Ohrmuscheln, Biologe, denkt, kopfunter, flattert, im Dunkeln, Fettvorrat, zurechtfinden, genießt, orientieren, Hindernis, kurzen Abständen, unhörbare, Insekten, davon, hohe Töne, Winterquartier, nah, Gegenstände, interessiert, zurückgeworfen, dämmert, Echo, Herbstabend, entlang, Schall, orten, anfressen, kreist, Ultraschall

1 Unterstreiche die Verben im Gebüsch.

2 Suche nach langen Nomen im Text und schreibe sie in die passenden Kästchen. Schreibe die Artikel davor.

				Ä	U		
	S	T					
	A	S	C	H			
	S	T					
H	R						
	V	O					
	T	E					

3 Wie orientieren sich Fledermäuse? Suche die Antwort im Text auf Seite 20, unterstreiche die Zeilen und schreibe sie in dein Heft.

4 Ordne die Wörter aus dem Gebüsch von Aufgabe 1 in die Tabelle ein.

Nomen mit Begleiter	Verben	Adjektive
_____	_____	_____
_____	_____	_____
_____	_____	_____
_____	_____	_____
_____	_____	_____
_____	_____	_____
_____	_____	_____
_____	_____	_____
_____	_____	_____
_____	_____	_____
_____	_____	_____
_____	_____	_____

5 Zwei Wörter lassen sich nicht einordnen. Schreibe sie auf.

_____

6 Welche Blumen werden von den verschiedenen Schmetterlingen besucht? Schreibe die Verbenpärchen ins Heft.

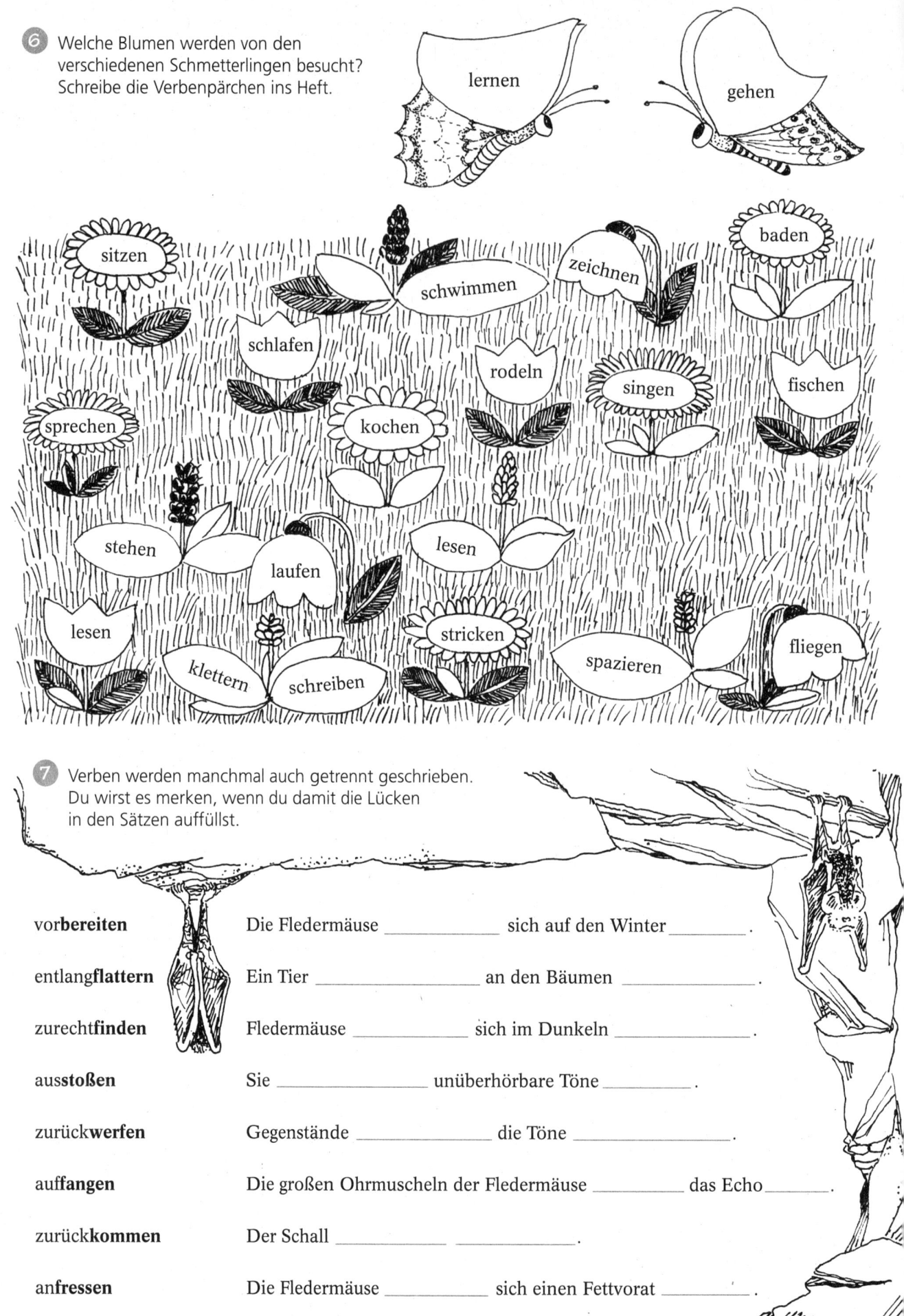

lernen

gehen

sitzen

schwimmen

zeichnen

baden

schlafen

rodeln

singen

fischen

sprechen

kochen

stehen

lesen

laufen

stricken

fliegen

lesen

klettern

schreiben

spazieren

7 Verben werden manchmal auch getrennt geschrieben. Du wirst es merken, wenn du damit die Lücken in den Sätzen auffüllst.

vor**bereiten**	Die Fledermäuse _____ sich auf den Winter _____ .
entlang**flattern**	Ein Tier _____ an den Bäumen _____ .
zurecht**finden**	Fledermäuse _____ sich im Dunkeln _____ .
aus**stoßen**	Sie _____ unüberhörbare Töne _____ .
zurück**werfen**	Gegenstände _____ die Töne _____ .
auf**fangen**	Die großen Ohrmuscheln der Fledermäuse _____ das Echo_____ .
zurück**kommen**	Der Schall _____ _____ .
an**fressen**	Die Fledermäuse _____ sich einen Fettvorat _____ .

8 Der Herbststurm hat Blätter herbeigewirbelt.
Bilde Sätze und verwende dabei möglichst viele Wörter aus den Blättern.
Schreibe sie in dein Heft.

dämmert

wiederholt

durcheinander

Schall

bereits

bevor

denkt

Töne

interessiert

Schauspiel

schließlich

genießt

hohe

kopfunter

unhörbare

Vogelschar

orientieren

nah

9 Grenze die Nomen aus der Buchstabenreihe durch einen Strich ab.
Es sind elf. Schreibe sie unten mit Artikel in der Einzahl (Singular) und
in der Mehrzahl (Plural) auf.

ABSTANDTÖNEFLEDERMÄUSEGEGENSTANDFETTVORRATGARTENKOPFBAUMSTURMTELEGRAFENDRÄHTEZUGVOGEL

der Abstand – die Abstände,

10 Kannst du den Text entziffern? Einige Wörter sind in Geheimschrift geschrieben.
Schreibe den Text unten richtig auf.

Der EGOLOIB jagt bei Tag nach NETKESNI. Er sieht einen Schmetterling, springt über das SINREDNIH und fängt ihn mit dem Kescher. Die ESUÄMREDELF jagen MI NLEKNUD nach NETKESNI, sie stoßen EHOH ENÖT aus und fangen das OHCE auf. So NETRO sie ihre Beutetiere und fangen sie im Flug.

---

11 Bilde aus zwei Sätzen einen, indem du sie mit „und" verbindest.

Anfang August ziehen die Rauchschwalben zum Teich. Sie übernachten im Schilf.
Am nächsten Tag fliegen sie wieder über die Wiesen. Sie suchen Insekten.
Ende August sitzen sie auf den Telefondrähten. Sie starten später in den Süden.

12 Bilde aus zwei Sätzen einen, indem du sie mit „wenn" verbindest. Schreibe sie ins Heft.

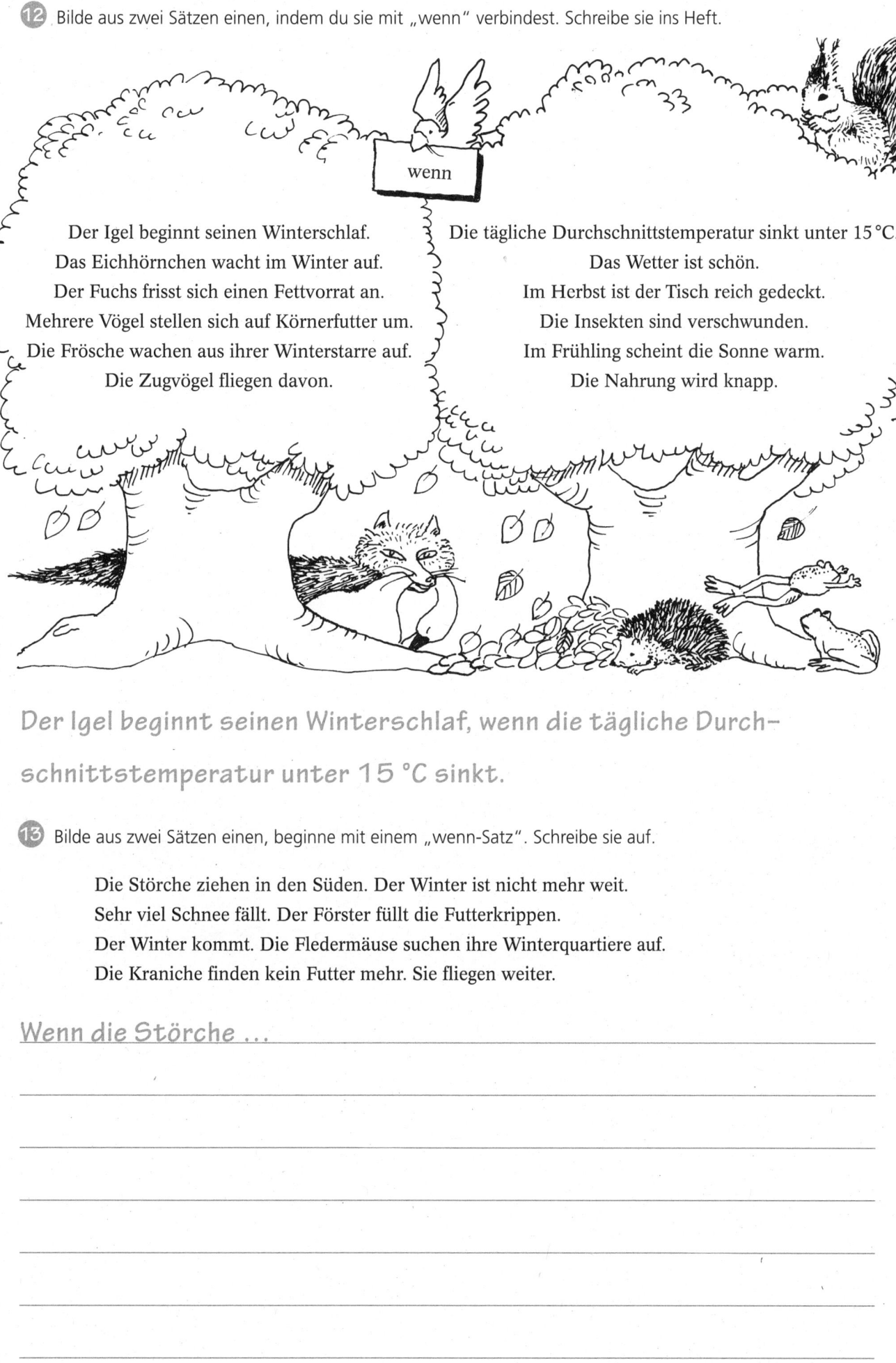

wenn

Der Igel beginnt seinen Winterschlaf.
Das Eichhörnchen wacht im Winter auf.
Der Fuchs frisst sich einen Fettvorrat an.
Mehrere Vögel stellen sich auf Körnerfutter um.
Die Frösche wachen aus ihrer Winterstarre auf.
Die Zugvögel fliegen davon.

Die tägliche Durchschnittstemperatur sinkt unter 15 °C.
Das Wetter ist schön.
Im Herbst ist der Tisch reich gedeckt.
Die Insekten sind verschwunden.
Im Frühling scheint die Sonne warm.
Die Nahrung wird knapp.

Der Igel beginnt seinen Winterschlaf, wenn die tägliche Durchschnittstemperatur unter 15 °C sinkt.

13 Bilde aus zwei Sätzen einen, beginne mit einem „wenn-Satz". Schreibe sie auf.

Die Störche ziehen in den Süden. Der Winter ist nicht mehr weit.
Sehr viel Schnee fällt. Der Förster füllt die Futterkrippen.
Der Winter kommt. Die Fledermäuse suchen ihre Winterquartiere auf.
Die Kraniche finden kein Futter mehr. Sie fliegen weiter.

Wenn die Störche ...

Haustiere

Beim Tierarzt

Die Zwillinge Marius und Merle interessieren sich sehr für Haustiere. Deshalb wollten
sie in den Sommerferien gar nicht wegfahren, sondern Dr. Krug, dem Tierarzt, helfen.
Als die Geschwister zum ersten Mal in die Praxis kamen, behandelte Dr. Krug gerade
eine Katze, deren Fell struppig, dünn und ohne Glanz war. Scheu blickte sie Merle an.
Das Mädchen streichelte ihr beruhigend den Rücken, während der Arzt das Tier genau
untersuchte und Fragen an den Jungen stellte, der die magere Katze gebracht hatte.
Marius fragte: „Ist die Katze sehr krank?" Der Tierarzt schüttelte den Kopf: „Sie ist unterernährt, verstört und hat Angst. Vielleicht ist sie ausgesetzt worden. Katzen benötigen aber einen Platz, wo sie sich sicher fühlen, und sie brauchen ihr vertrautes Revier."
Die Kinder wussten, dass Katzen Fleischfresser sind und viel Bewegungsfreiheit wollen. Katzen jagen Kleintiere wie Mäuse, Frösche und Insekten. Trotzdem muss man sie
in der Regel zusätzlich füttern. „Häufig sind kranke Haustiere, die ich behandeln muss,
falsch ernährt oder schlecht untergebracht worden", erklärte Dr. Krug und gab dem
Jungen ein Merkblatt zur artgerechten Pflege von Katzen. Auch für Hunde, Hühner,
Kaninchen, Kühe, Gänse, Wellensittiche und andere Haustiere hatte er solche
Beschreibungen.

---

ausgesetzt, Praxis, trotzdem, artgerechten, struppig, interessieren, scheu, verstört,
Bewegungsfreiheit, Revier, deshalb, zum ersten Mal, häufig, Tierarzt, während,
zusätzlich, beruhigend, unterernährt, hat Angst

Achtung!
Gar nicht wird gar nicht zusammengeschrieben.

---

1. Unterstreiche im Text die Wörter aus dem Kasten.

2. Beschreibe die Katze, die in die Tierarztpraxis gebracht wurde. Im Text wird sie zwei Mal beschrieben.
Schreibe die Stellen heraus.

_____

_____

_____

3. Was brauchen Katzen, um sich sicher zu fühlen?

_____

_____

Die folgenden Texte sind zum Diktieren, zum Abschreiben, als Partnerdiktate und für andere Übungsformen wie Dosendiktate (z. B. „Steinzeit", „Am Polarkreis") gedacht. Die Diktate haben unterschiedliche Schwierigkeitsgrade (* leichtes Diktat, ** schwieriger).

Diktate zu: „Märchen"

Der goldene Schlüssel

* Der Junge hob den Schlüssel auf. Der Zwerg zeigte auf ein kleines Loch im Baumstamm. Der Schlüssel passte genau hinein. Der Baumstamm öffnete sich(,) und die Geschwister blickten in eine Höhle. Dort stand ein Fass. Plötzlich hörten sie eine Stimme: „Ich bin erlöst! Es ist nicht zu fassen! Ein böser Zauberer hatte mich eingeschlossen." Die Kinder öffneten den Deckel(,) und ein kleines Mädchen kam heraus. Es fiel den Kindern dankbar um den Hals.
(74 Wörter)

** Der Junge hob den Schlüssel auf und schaute das Männlein fragend an. Dieses lächelte aufmunternd und zeigte auf ein kleines Loch im Baumstamm. Das hatten die Geschwister noch nicht entdeckt. Der Schlüssel passte genau hinein und ließ sich leicht drehen. Der Baumstamm öffnete sich, und sie erblickten eine seltsame Höhle. Auf dem Fußboden stand eine große Kiste. Die Kinder wollten sie öffnen. Plötzlich rief jemand mit piepsiger Stimme: „Rettet mich!" Die Stimme kam aus der Kiste. Um den schweren Deckel zu heben, mussten sich die Kinder gewaltig anstrengen. Ein winziges Weiblein kletterte heraus. Fröhlich ging es auf die Kinder zu und sprach: „Ihr habt mich erlöst. Ein böser Zauberer hatte mich hier eingeschlossen." Dann lief es auf das Männlein zu und fiel ihm glücklich um den Hals.
(127 Wörter)

Diktate zu: „Steinzeit"

Die Elefantenjagd

* Am Abend versammelten sich die Jäger um das Feuer.

Sie planten die Elefantenjagd.

Jeder bekam seine Aufgaben.

Somin stellte neue Speerspitzen aus Feuerstein her.

Sura bat die Geister um Hilfe.

Roka durfte sie zu der Fundstelle führen.

Am nächsten Tag versammelte Urs die Jäger und besprach noch einmal ihren Plan.

Sie wollten den Elefanten auf seinem Weg zur Wasserstelle abfangen.

Einige Jäger sollten Steine in die Schlucht werfen, um dem Tier den Rückweg abzuschneiden.

Die anderen Jäger sollten auf das Zeichen von Urs warten und dann erst die Speere werfen.

Alle hofften, dass ihr Plan gelingen würde.

So würden sie Nahrung für viele Monate bekommen.
(104 Wörter)

** Die gefährliche Jagd auf den Elefanten musste gut geplant werden. Die Jäger versammelten sich um das Feuer. Es würde schwierig werden(,) und alle mussten mithelfen. Kein Jäger durfte im Lager bleiben. Zunächst wurden die Jagdwaffen hergerichtet. Somin wollte neue Speerspitzen aus Feuerstein schlagen. Sura bereitete einen Jagdzauber vor, um die Hilfe von den Geistern zu bekommen. Am nächsten Tag versammelte Urs die Jäger und besprach mit ihnen ihre Aufgaben. Sie wollten den Elefanten auf seinem Weg zur Wasserstelle abfangen. Einige Jäger sollten von oben Steine in die Schlucht werfen, um dem Tier den Rückweg abzuschneiden. Die anderen Jäger sollten in ihren Verstecken auf das Zeichen von Urs warten und erst dann ihre Speere werfen. Alle hofften, dass ihr Plan gelingen würde. So würden sie Nahrung für viele Monate bekommen.
(129 Wörter)

Diktate zu: „Magnetismus"

Über Magnete kann man staunen
* Katrin freut sich auf die Physikstunde. Sie denkt an den Zaubertrick, den sie gestern ihrer kleinen Schwester vorgeführt hat. Heute will sie in der Schule gut aufpassen. Sie möchte mehr über Magneten erfahren.
Der Lehrer hat einen Versuch vorbereitet. Von der Decke hängt an einem langen Faden ein Stabmagnet herunter. Der Lehrer stößt ihn an. Der Magnet dreht sich. Die Schüler warten gespannt. Als er zur Ruhe gekommen ist, darf Paul ihn wieder anstoßen. Danach ist Katrin dran. Plötzlich ruft Laura: „Jedes Mal, wenn der Magnet anhält, zeigt sein grünes Ende zur Tür." „Stimmt, gut beobachtet", sagt der Lehrer.
(100 Wörter)

** Katrin freut sich auf die Physikstunde. Sie denkt an den Zaubertrick, den sie gestern mit einer Münze, einer Pappe und einem Magneten ihrer kleinen Schwester vorgeführt hat. Heute will sie gut aufpassen, um noch mehr über Magneten zu erfahren. Im Physikraum hat der Lehrer schon einen neuen Versuch vorbereitet. Senkrecht von der Decke hängt an einem langen Faden ein Stabmagnet herunter. Die Schüler schauen gespannt auf den Lehrer. Dieser stößt den Magneten an. Der Magnet dreht sich. Als er wieder zur Ruhe gekommen ist, darf Paul den Magneten anstoßen. Katrin ist ärgerlich. Sie hätte es auch gerne getan. Paul setzt sich wieder. Nun kommt Katrin dran. Plötzlich hat Laura etwas entdeckt. Sie ruft: „Komisch, jedes Mal, wenn der Magnet anhält, zeigt das grüne Ende zur Tür!"
„Stimmt", bestätigt der Lehrer, „es zeigt immer nach Süden. Mit frei beweglichen Magneten kann man die Himmelsrichtungen bestimmen, also einen Kompass bauen. Welcher Teil beim Kompass ist der Magnet? Was meint ihr?"
(158 Wörter) Lösung: Kompassnadel

Diktate zu: „Überwinterung"

Tiere bereiten sich auf den Winter vor
* Zwei Wochen später ist es kalt geworden. Klaus Grün macht einen Spaziergang. Er will Vögel beobachten.
Die Zugvögel sammeln sich schon. Sie fliegen in wärmere Länder. Im Winter finden sie hier bei uns keine Nahrung. Ihre Beutetiere, zum Beispiel Insekten, verbergen sich in ihren Winterverstecken.
(44 Wörter)

* An diesem Tag hofft der Biologe auf ein ganz besonderes Schauspiel. Er hat Glück. Plötzlich hört er über sich hohe Töne. Er lächelt. Da sind sie, die Kraniche. Er freut sich, sie beobachten zu können. Und schon kreisen sie über ihm. Es sind etwa 250 Tiere. Sie fliegen durcheinander. Nach kurzer Zeit ordnen sie sich zu einem Keil und ziehen weiter.
(60 Wörter)

* Klaus Grün denkt an die Fledermäuse. Sie hängen schon in ihren Winterquartieren und halten Winterschlaf. Sie überwintern in Höhlen oder in alten Gebäuden. Klaus Grün hat sie schon einmal in einem alten Bahnhof entdeckt. Dort hingen sie kopfunter an der Decke. Zu diesen Verstecken fliegen sie manchmal über 100 Kilometer weit.
(51 Wörter)

** Zwei Wochen später ist es kalt geworden. Klaus Grün macht einen Spaziergang. Er geht durch die Wiesen zum Teich. Plötzlich hört er über sich hohe Töne. Er denkt, das können nur die Kraniche sein, die in wärmere Länder fliegen. Richtig, über ihm kreisen sie. Die Kraniche flattern durcheinander, bevor sie sich zu einem Keil ordnen. In kurzen Abständen wiederholt sich das Schauspiel. Klaus Grün beobachtet lange den Vogelzug.
Schon vor vier Wochen haben sich die Schwalben versammelt und sind in den Süden geflogen. Sie würden jetzt auch keine Insekten mehr finden. Auch die Fledermäuse hängen schon in ihren Winterquartieren und halten ihren Winterschlaf.
Die Sonne ist untergegangen, es wird langsam dunkel. Einige Zeit später geht Klaus Grün nach Hause. Er fühlt, dass der Winter bald kommen wird.
(127 Wörter)

Diktate zu: „Haustiere"

Spaziergang mit dem Hund Tobi
* Merle und Marius gehen mit ihrem Hund Tobi spazieren. Als sie ihn vor zwei Jahren bekamen, trafen sie den Tierarzt Dr. Krug zum ersten Mal. Von ihm wissen die beiden Kinder, dass ein Hund viel Bewegung braucht. Marius hat einen kleinen Ball dabei. Er wirft ihn weit weg. Tobi jagt hinterher. Kurze Zeit später steht er mit dem Ball im Maul vor Merle und schaut sie an. Sie streichelt ihn liebevoll, nimmt den Ball und freut sich an Tobis Fröhlichkeit. Sein Fell glänzt. Sie bürstet es häufig. Merle wirft nun den Ball über die Wiese. Tobi saust begeistert hinter dem Ball her.
(102 Wörter)
* Merle muss an die kranken Hunde denken, die sie in der Tierarztpraxis erlebt hat. Wie glanzlos oft ihr Fell war(,) und wie scheu und verstört sie auf den Arzt reagierten.
(+ 30 Wörter; gesamt 132 Wörter)

Die Arbeit beim Tierarzt
** Merle und Marius lagen in ihren Liegestühlen auf der Wiese hinter ihrem Haus und unterhielten sich. Drei Wochen halfen sie nun schon dem Tierarzt Dr. Krug. Viele kranke Haustiere hatten sie gesehen und erlebt, wie sie behandelt wurden. Marius sagte: „Vielleicht wissen die Leute oft gar nicht, wie man Haustiere artgerecht pflegt." „Das glaube ich auch", antwortete Merle, „häufig waren vernachlässigte oder ausgesetzte Tiere verstört und reagierten voll Angst auf den Arzt. Ich denke dabei an die Katze mit dem glanzlosen Fell an unserem ersten Tag bei Dr. Krug." Marius erinnerte sich, dass ein Hund Durchfall hatte, weil er falsch ernährt worden war.
(102 Wörter)

** Dr. Krug nahm die beiden auch mit, wenn er Pferde, Kühe oder Ziegen im Stall behandelte. Das interessierte beide Kinder ganz besonders. Voll Freude spazierten sie manchmal durch die Ställe auf den Bauernhöfen, während Dr. Krug sich um die Tiere kümmerte.
(+ 41 Wörter; gesamt: 143 Wörter)
** Sie wussten, dass man sich Pferden ruhig nähern musste, damit sie nicht scheuen. Auch sonst hatten sie viel über das Verhalten von Haustieren erfahren.
(+ 26 Wörter; gesamt 153 Wörter)

Diktate zu: „Elektrizität"

Stromausfall
* Georg will seinen Freund Tim besuchen. Tim wohnt in einem Hochhaus im vierten Stock. Die Haustür ist offen(,) und Georg geht zum Fahrstuhl, der gerade heruntergekommen ist. „Glück gehabt", denkt Georg und drückt auf die Vier. Als sie aufleuchtet, hält der Fahrstuhl an, aber die Tür öffnet sich nicht. Zur gleichen Zeit geht auch das Licht aus. Georg tastet sich zum Schalter. Jetzt könnte er eine Kerze gebrauchen.
(68 Wörter)
* Er holt sein Handy aus der Tasche und schaltet es ein. Doch schon wird es wieder hell. Die Tür geht auf. Georg atmet tief durch. Tim erwartet ihn schon.
(+ 29 Wörter; gesamt 97 Wörter)
* Er sagt: „Eben war im ganzen Haus für einige Minuten der Strom weg. Da muss irgendwo ein Kurzschluss gewesen sein."
(+ 20 Wörter; gesamt 117 Wörter)

** Georg will seinen Freund Tim besuchen. Dieses Mal geht er zu Fuß. Tim wohnt in einem Hochhaus im vierten Stock. Gespannt liest Georg die Namen an der Haustür. Er klingelt bei Tim, die Tür öffnet sich(,) und Georg geht zum Fahrstuhl, der gerade angekommen ist. „Glück gehabt", denkt Georg und tritt ein. Er drückt auf die Vier und fährt nach oben. Nach kurzer Zeit leuchtet die Eins, der Fahrstuhl bleibt stehen. Normalerweise müsste sich die Tür öffnen, aber sie bleibt geschlossen. Der Fahrstuhl bewegt sich nicht. Auf einmal geht das Licht aus. Georg tastet sich zum Schalter. Jetzt könnte er eine Kerze gebrauchen, doch schon wird es wieder hell(,) und es geht weiter. Vielleicht war irgendwo ein Kurzschluss in der Leitung(,) und der Strom ist ausgefallen.
(126 Wörter)

Diktate zu: „Am Polarkreis"

Das Leben am Polarkreis

* Heute leben viele Eskimos nicht mehr wie ihre Vorfahren in Zelten und Iglus.

Sie wohnen jetzt in festen Häusern an den Küsten des Polarmeeres.

Nur wenige gehen noch auf die Jagd von Eisbären.

Dabei benutzen sie heute meist Motorschlitten und werden oft von Touristen begleitet.

Die Touristen wollen ein Abenteuer erleben und kaufen den Eskimos gern Figuren ab.

Diese Figuren schnitzen die Eskimos aus den Zähnen und Knochen

der Walrosse und den Geweihen der Rentiere.

Eisbären kann man heute schon bei den Siedlungen der Eskimos beobachten.

Dort suchen sie Nahrung auf den Müllplätzen.

(93 Wörter)

** Immer mehr Eskimos leben nicht mehr in Zelten und Iglus. Sie wurden an den Küsten des Polarmeeres angesiedelt und wohnen jetzt in festen Häusern. Nur wenige gehen noch auf die Jagd. Sie fahren dann meist mit Motorschlitten. Da jetzt Pelze von Eisbären, Kaninchen, Polarfüchsen und Robben nicht mehr so gut verkauft werden können, jagen sie nur noch, um sich zu ernähren. Oft werden sie dabei von Touristen begleitet, die ein Abenteuer erleben wollen. Die Besucher können Eisbären schon bei den Siedlungen beobachten, denn die Bären suchen Nahrung auf den Müllplätzen. Damit die Touristen das ursprüngliche Leben der Eskimos kennenlernen können, benutzen sie auch Hundeschlitten und die alten Jagdwaffen. Die Zähne und Knochen der Walrosse und die Geweihe der Rentiere benutzen sie zum Schnitzen von Figuren, die sie verkaufen.

(129 Wörter)

Diktate zu: „Freizeit"

Beim Rudertraining

* Letzten Mittwoch begleitete Lisa ihren Freund Frederik zum Training des Rudervereins. Diesen Nachmittag sollte Frederik das erste Mal in einem Viererboot mitrudern. Die vier Jungen seiner Gruppe trugen das Boot zum See und ließen es ins Wasser. Die Jungen stiegen ein und warteten auf das Startzeichen des Trainers. Dann ruderten sie so kräftig, dass das Wasser nach allen Seiten spritzte. Nach kurzer Zeit fanden sie jedoch den richtigen Takt. Das Boot fuhr immer ruhiger und schneller. Lisa klatschte begeistert.

(80 Wörter)

** Am letzten Mittwoch hatte Lisa Frederik in den Ruderverein am Murmelsee begleitet. Sie staunte über die vielen Boote, die im Vereinshaus untergebracht waren. Frederik sollte an diesem Tag das erste Mal in einem Viererboot mitrudern. Die vier Jungen trugen das Boot zum See und ließen es ins Wasser gleiten. Nacheinander stiegen sie ein und warteten gespannt auf das Startzeichen des Trainers. Lisa war ganz aufgeregt, obwohl es kein Wettkampf war. Der Trainer gab den Start frei. Die Jungen ruderten kräftig. Das Wasser spritzte bei den ersten Ruderschlägen nach allen Seiten. Nach kurzer Zeit fanden sie jedoch den richtigen Takt(,) und das Boot fuhr immer ruhiger und schneller. Lisa klatschte begeistert Beifall. Sie wünschte sich, im Boot zu sitzen, und überlegte, ob sie nicht auch in den Ruderverein eintreten sollte.

(129 Wörter)

4 Was vermutet (meint, weiß, behauptet, erfährt, liest, beobachtet) Merle alles?
Bilde „dass-Sätze" und schreibe sie auf.

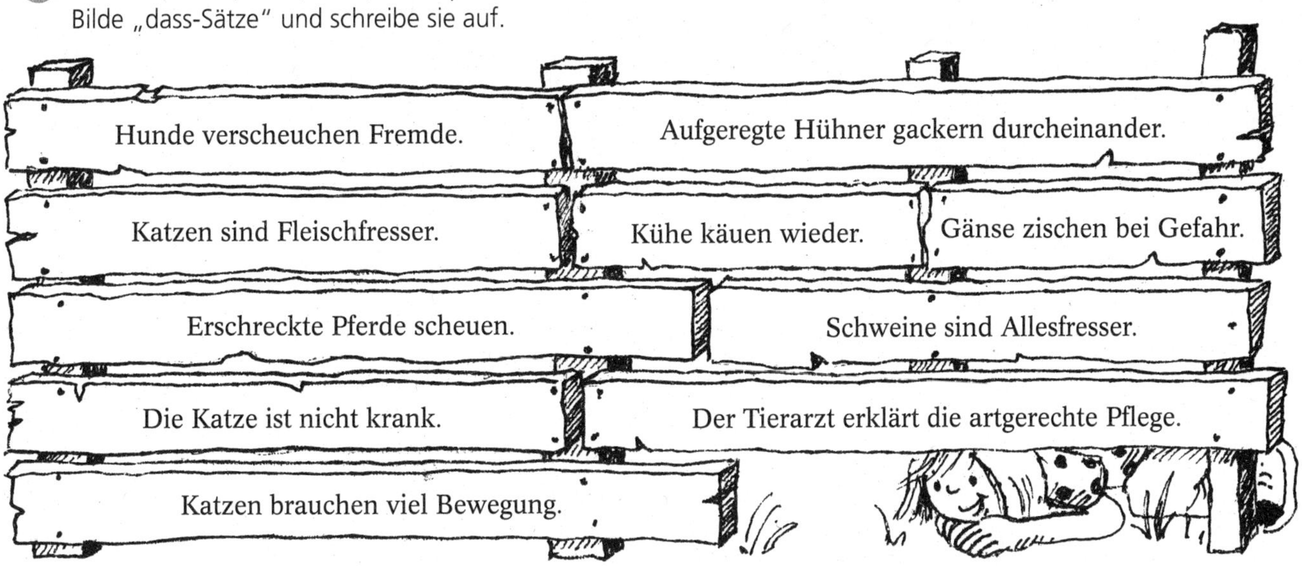

Hunde verscheuchen Fremde.

Aufgeregte Hühner gackern durcheinander.

Katzen sind Fleischfresser.

Kühe käuen wieder.

Gänse zischen bei Gefahr.

Erschreckte Pferde scheuen.

Schweine sind Allesfresser.

Die Katze ist nicht krank.

Der Tierarzt erklärt die artgerechte Pflege.

Katzen brauchen viel Bewegung.

Merle weiß, dass Katzen Fleischfresser sind.

_____

_____

_____

_____

_____

_____

_____

_____

_____

_____

_____

5 Lies dir den Text auf Seite 26 noch einmal durch. Was vermutete (behauptete, erklärte) der Tierarzt?
Schreibe in dein Heft.

Der Arzt erklärte, dass ...

Wir fordern artgerechte Pflege!

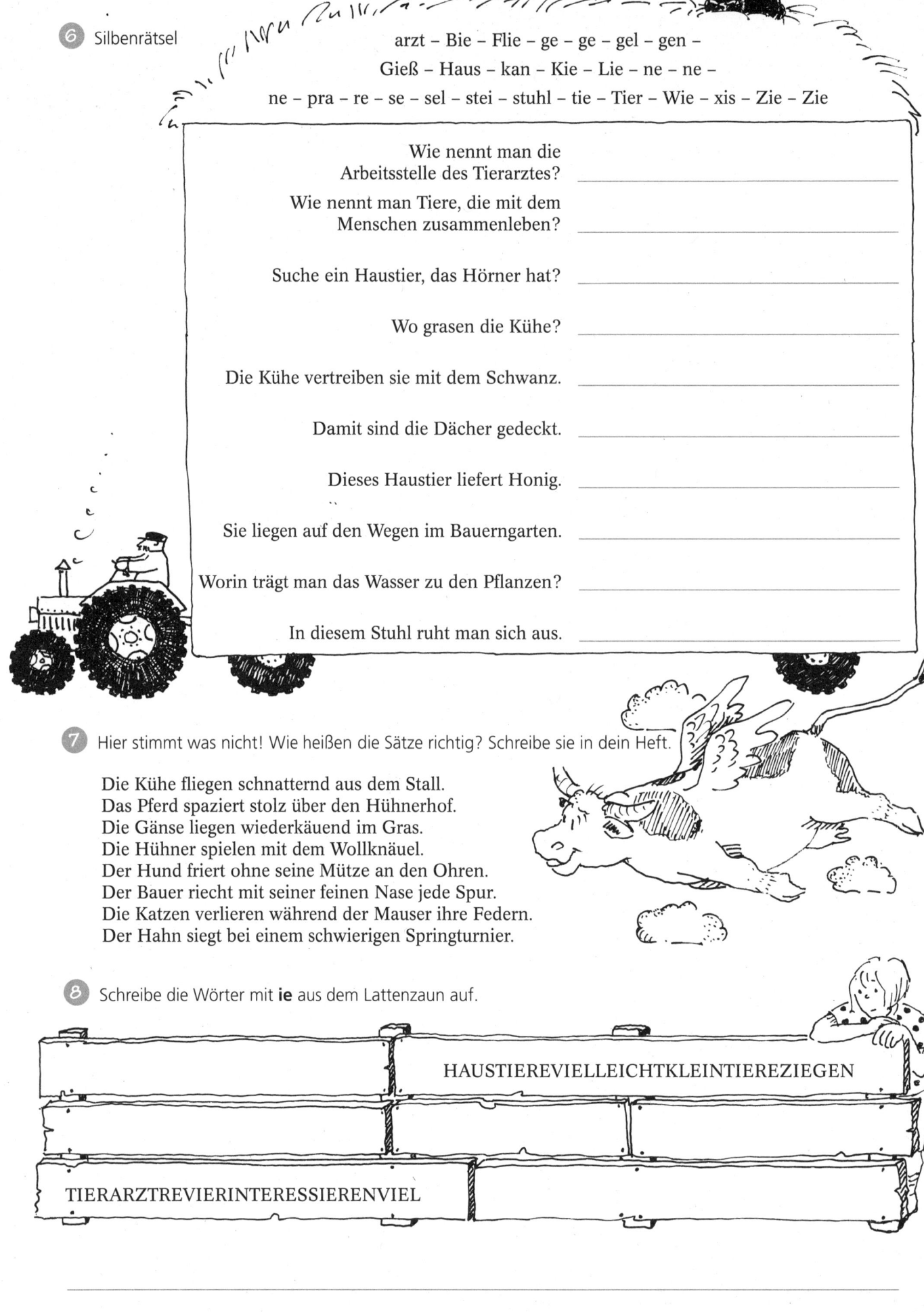

6 Silbenrätsel

arzt – Bie – Flie – ge – ge – gel – gen –
Gieß – Haus – kan – Kie – Lie – ne – ne –
ne – pra – re – se – sel – stei – stuhl – tie – Tier – Wie – xis – Zie – Zie

Wie nennt man die
Arbeitsstelle des Tierarztes? _____

Wie nennt man Tiere, die mit dem
Menschen zusammenleben? _____

Suche ein Haustier, das Hörner hat? _____

Wo grasen die Kühe? _____

Die Kühe vertreiben sie mit dem Schwanz. _____

Damit sind die Dächer gedeckt. _____

Dieses Haustier liefert Honig. _____

Sie liegen auf den Wegen im Bauerngarten. _____

Worin trägt man das Wasser zu den Pflanzen? _____

In diesem Stuhl ruht man sich aus. _____

7 Hier stimmt was nicht! Wie heißen die Sätze richtig? Schreibe sie in dein Heft.

Die Kühe fliegen schnatternd aus dem Stall.
Das Pferd spaziert stolz über den Hühnerhof.
Die Gänse liegen wiederkäuend im Gras.
Die Hühner spielen mit dem Wollknäuel.
Der Hund friert ohne seine Mütze an den Ohren.
Der Bauer riecht mit seiner feinen Nase jede Spur.
Die Katzen verlieren während der Mauser ihre Federn.
Der Hahn siegt bei einem schwierigen Springturnier.

8 Schreibe die Wörter mit **ie** aus dem Lattenzaun auf.

HAUSTIEREVIELLEICHTKLEINTIEREZIEGEN

TIERARZTREVIERINTERESSIERENVIEL

_____

_____

9 Ergänze die Tabelle.

ohne Mut	mutlos
	glanzlos
ohne Kraft	
	gefahrlos
ohne Bewegung	
	hoffnungslos
voll Hoffnung	
	liebevoll
voll Sorgen	
	kraftvoll
voll Klang	
	angstvoll

10 Schreibe den Text in dein Heft. Ersetze dabei die unterstrichenen Wörter durch Adjektive aus der Tabelle. Ihr könnt euch auch einzelne Abschnitte gegenseitig diktieren.

Als Marius beim Tierarzt war, brachte ein alter Mann einen kranken Hund zu Dr. Krug in die Praxis. Seine Augen waren ohne Glanz. Ohne Bewegung lag das Tier auf dem Untersuchungstisch. Der alte Mann blickte voll Sorgen auf das Tier und streichelte ihm voll Liebe den Kopf. Ohne Kraft versuchte der Hund den Kopf zu heben, während sein Herrchen voll Hoffnung den Tierarzt anschaute. Der Hund hatte eine Lungenentzündung. Dr. Krug gab dem alten Mann die passende Medizin und versicherte ihm, dass er das Tier ohne Gefahr mit nach Hause nehmen könne.

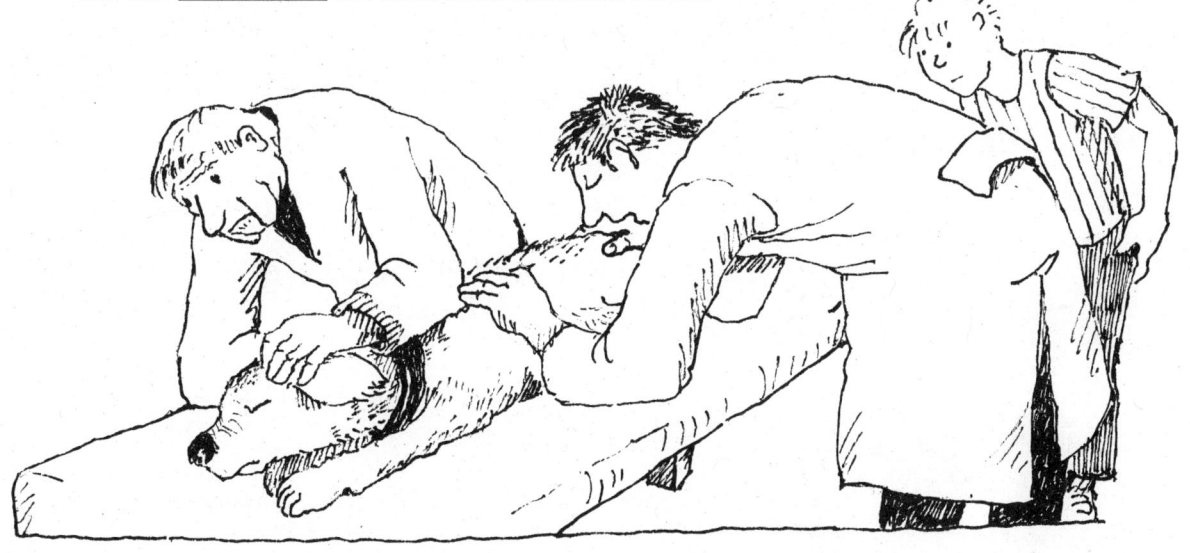

11 Schreibe folgende Wörter in Druckschrift in den passenden Wortrahmen:

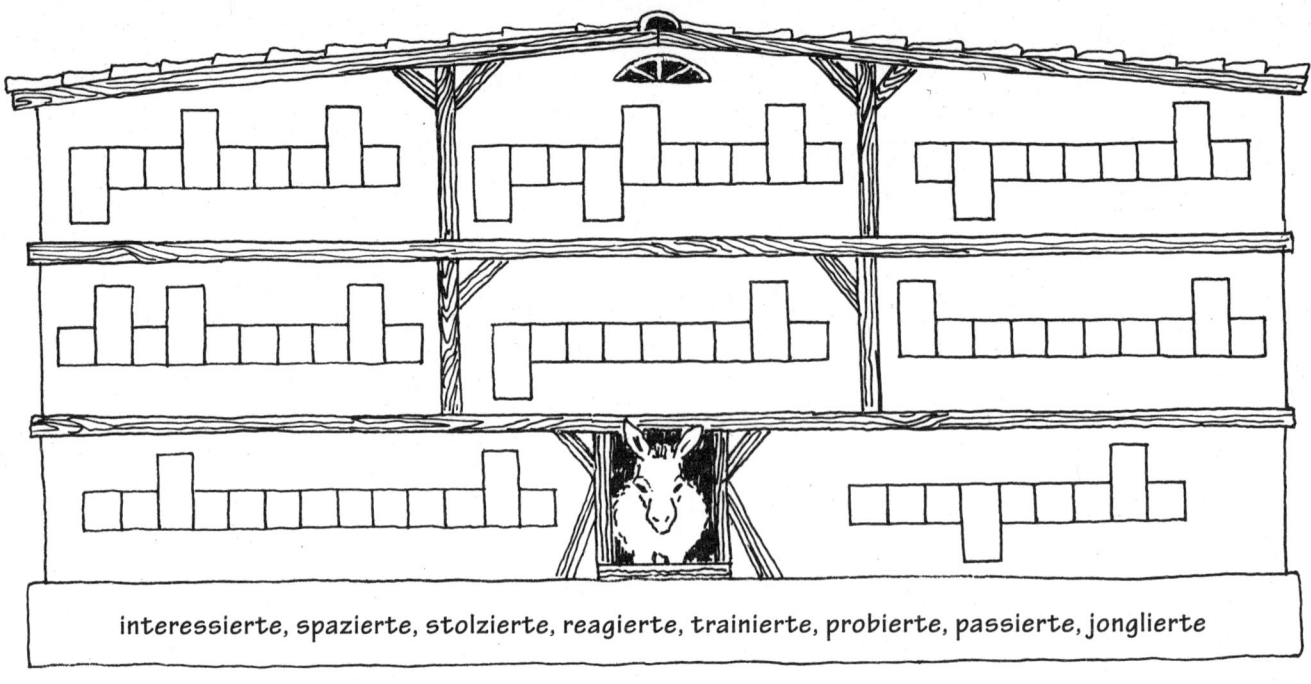

interessierte, spazierte, stolzierte, reagierte, trainierte, probierte, passierte, jonglierte

12 Schreibe die Wörter von Aufgabe 11 auf, suche die Grundform (Infinitiv) und schreibe sie daneben.

Vergangenheitsform (Präteritum)   **Grundform (Infinitiv)**

_____   _____

_____   _____

_____   _____

_____   _____

_____   _____

_____   _____

_____   _____

13 Überschreibe **ier** in den Wörtern farbig.

14 Suche dir fünf Verben aus Übung 12 aus. Bilde damit Sätze in der Gegenwart (Präsens) und schreibe sie in dein Heft.

Sie jongliert mit einem Ei!

15 Setze „Gans" oder „ganz" ein.

Gänse sind _____ besonders niedlich, wenn sie noch _____ klein sind.

Sobald sie aus dem Ei schlüpfen, folgen sie dem Lebewesen, das sie zuerst sehen und hören.

_____ besonders lustig ist das, wenn es ein Mensch ist.

Eine kleine _____ folgt dann diesem Menschen auf Schritt und Tritt.

Sie ist _____ und gar auf ihn geprägt.

Der Mensch ist dann die Ersatzmutter der kleinen _____.

16 Manchmal ist man sich nicht sicher, wie ein Verb geschrieben wird.
Dann ist es eine Hilfe, wenn man die Grundform (Infinitiv) bildet.

Vergangenheit (Präteritum)	Grundform (Infinitiv)	Vergangenheit (Präteritum)	Grundform (Infinitiv)
drängte	_____	wusste	_____
schnurrte	_____	gab	_____
benötigte	_____	vernachlässigte	_____
überlegte	_____	hob	_____
erlebte	_____	spannte	_____

17 Diktiert euch die Wörter aus dem Kasten von Seite 26.

_____

_____

_____

_____

_____

_____

Elektrizität

Stromausfall

Draußen stürmt es. Georg liegt im Bett und liest in einem spannenden Buch. Plötzlich geht das Licht aus. Er steht auf und tastet sich zur Tür. „Mutter", ruft er, „die Glühlampe in meinem Zimmer ist durchgebrannt!" Doch das ganze Haus liegt im Dunkeln. Seine Eltern kommen ihm mit der Taschenlampe entgegen. Sie suchen nach einer Kerze und Streichhölzern. Als sie aus dem Fenster schauen, sehen sie, dass alle Häuser dunkel sind. Vielleicht hat es irgendwo einen Kurzschluss gegeben. Der Strom ist weg. Georg weiß, dass eine Glühlampe nur leuchtet, wenn die Leitung zwischen Stromquelle und Lampe nicht unterbrochen ist. Normalerweise kann er den Stromkreis mit dem Lichtschalter öffnen und schließen. Er kann auch den Stecker herausziehen oder die Glühlampe herausdrehen. Dann geht aber immer nur die eine Lampe an und aus. Dieses Mal muss eine Hauptleitung unterbrochen sein. Als er so weit gedacht hat, wird es auf einmal überall wieder hell. Georg geht zurück ins Bett und liest weiter.

irgendwo, entgegen, Kurzschluss, spannenden, Strom, leuchtet, Leitung, Stromquelle, vielleicht, Streichhölzer, durchgebrannt, normalerweise, Stromkreis, liest, im Dunkeln, Lichtschalter, schließen, draußen, herausziehen, öffnen, herausdrehen, Hauptleitung, tastet, dieses Mal, Kerze, auf einmal, überall, Glühlampe

1 Diktiert euch die Wörter aus dem Kasten.

2 Georg weiß, warum die Glühlampe leuchtet.
Suche im Text die Sätze hierzu heraus und schreibe sie ins Heft.

3 Suche im Text den Satz mit der wörtlichen Rede und schreibe ihn auf.

_____

_____

_____

4 Bilde Sätze mit wörtlicher Rede und einem eingeschobenen Begleitsatz wie in Aufgabe 3.

Schaut aus dem Fenster. (Mutter ruft.) Alles ist dunkel.

_____

Oh je! (Georg denkt.) Die Hauptleitung muss unterbrochen sein.

_____

5 Der Staubsauger hat Verben verschluckt.
Bilde neue Verben, indem du die Wörter herein-, heraus- oder herunter- davorsetzt,
und schreibe sie in dein Heft.

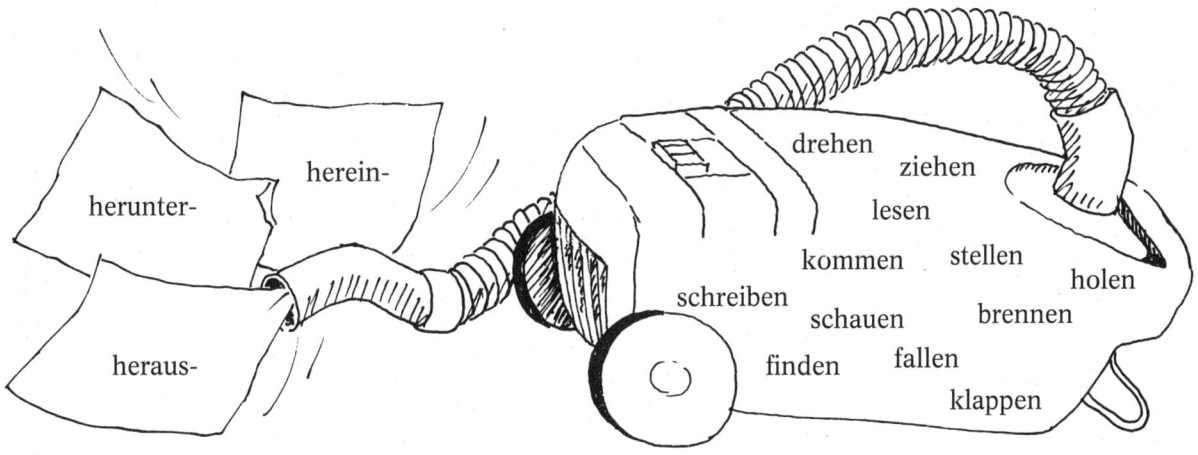

herunter-
herein-
heraus-

drehen
ziehen
lesen
kommen
stellen
holen
schreiben
schauen
brennen
finden
fallen
klappen

6 Schreibe in die Lücken Verbformen aus der Übung 5.
Beachte: Zusammengesetzte Verben werden manchmal im Satz auch getrennt geschrieben.

Georg _____ wichtige Vokabeln aus einem englischen Text _____,

als plötzlich das Licht ausgeht. Sofort tastet er sich zum Schrank und _____ seine

Taschenlampe _____. Nun versucht er, die Deckenleuchte einzuschalten. Da es dunkel

bleibt, _____ er die Leselampe vom Regal _____, zieht den Stecker

aus der Steckdose und _____ die Glühlampe aus der Fassung _____.

Er will herausfinden, ob sie durchgebrannt ist. In diesem Augenblick _____ seine Mut-

ter _____. Sie trägt eine Kerze, denn im ganzen Haus und in der Nachbarschaft ist der

Strom weg. „Hoffentlich _____ man bald die Ursache _____", seufzt

Georg. Jetzt können sie nur warten. Langsam _____ die Kerze _____.

7 Suche je zwei Wörter aus der gleichen Wortfamilie und schreibe sie nebeneinander auf.

schließen – gießen – Biss – ließ – Schluss – Wissen – fließen – fraß – Fluss – reißen – Genuss – verließ

aß – genießen – ließ – beißen – fressen – essbar – Guss – Riss – lassen – verlassen

ss	ß	ss	ß

8 Suche Reimwörter zu „schließen" und „Schluss".

Achtung
ss nach kurzem Vokal
ß nach langem Vokal und nach au, ei, eu, äu und ie

Türen zumachen nennt man _____,

ein Ende nennt man _____.

Ein gutes Essen kann man _____,

ein leckeres Eis ist ein _____.

Bergab kann Wasser _____,

einen großen Wasserlauf nennt man _____.

Pflanzen bewässern nennt man _____,

einen starken Regen nennt man _____.

9 Aus den Nomen kannst du ein Wörterdomino machen.

KREIS   BLOCK   HOF   HAUS   BAHN   ZEICHEN   TÜR   LICHT   LAUF   STROM

Stromkreis	Kreis	
		tür

Bereite ein anderes Wörterdomino vor.

10 Bilde zusammengesetzte Nomen und schreibe sie mit Artikel auf.

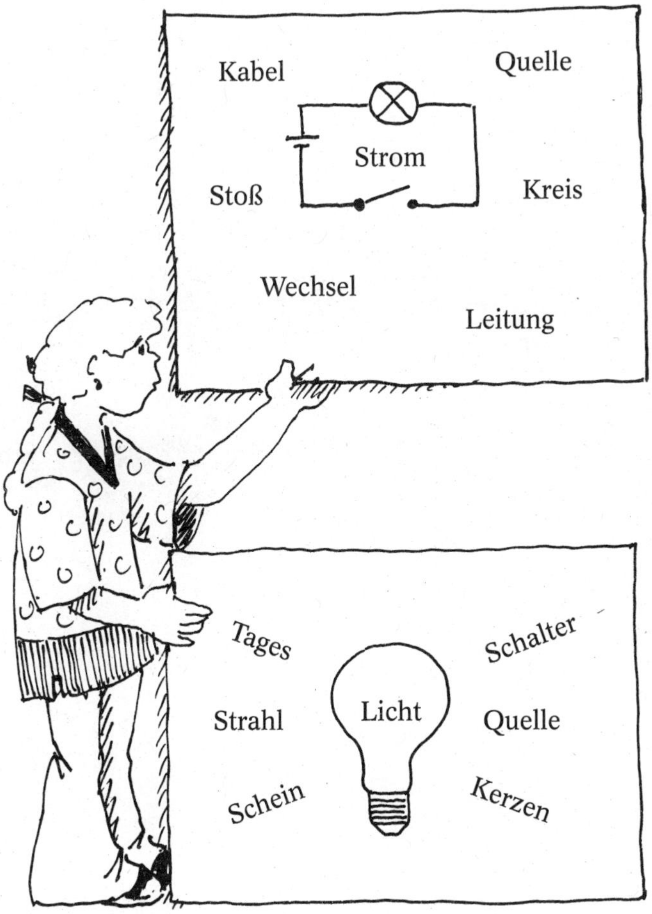

Kabel   Quelle
Strom
Stoß   Kreis
Wechsel
Leitung

Tages   Schalter
Strahl   Licht   Quelle
Schein   Kerzen

_____
_____
_____
_____
_____
_____
_____
_____
_____
_____
_____

11 Trenne die Wörter, die in der Batterie stehen, und schreibe sie mit Trennstrich auf.

entgegen
normalerweise
draußen
irgendwo
spannend
durchgebrannt

_____
_____
_____
_____
_____
_____

12 Ergänze den Lückentext.

Lerchenweg 20

4. SÖLLER
3. E.u.F. Vogt
2. Müller
1. LUISE MEIER
E Kranich

Frau Meier steigt aus – auf der Anzeigetafel des Fahrstuhls

leuchtet im ersten Stock die **Eins** auf.

Frau Müller ist angekommen.

Jetzt leuchtet die _____ auf.

Frau Vogt ist auf ihrem Stockwerk.

Es leuchtet die _____ .

Herr Söller ist auf seiner Etage.

Es leuchtet die _____ .

13 Schreibe die Zahlen als Wörter zwischen Nomen und Artikel.

die (2) Pole _____

die (14) Glühlampen _____

die (18) Klingeln _____

die (4) Lichtschalter _____

die (30) Treppenstufen _____

die (80) Hausbewohner _____

Am Polarkreis

Das Leben der Inuit

Das Leben am Polarkreis ist hart. Dort leben die Eskimos, die sich selbst Inuit nennen.
Das heißt Menschen. Manche von ihnen leben heute noch so wie ihre Vorfahren.
Im Winter ist die Sonne nur kurz zu sehen. Es gibt sogar Tage, an denen sie gar nicht
über den Horizont kommt. Dies nennt man die Polarnacht. Sie dauert am Nordpol
ein halbes Jahr. Die Eskimos müssen für den kalten, dunklen Winter gut vorsorgen.
Im Sommer leben sie in ihren Zelten an der Küste oder in der Tundra und gehen auf
die Jagd. Sie fahren mit ihrem Kajak auf das Meer und erlegen Robben, Wale und
Walrosse, Eisbären, Kaninchen, Schneehühner und andere Tiere, die dort leben.
Einen Teil der Beute heben die Eskimos für den Winter auf.
Wenn das Land völlig mit Eis und Schnee bedeckt ist, bauen sie Iglus, in denen sie
leben. Ihre Vorräte ergänzen sie durch Robben- und Fischfang. Die Eskimohunde
spüren die Atemlöcher der Robben in der Eisdecke auf.

erlegen, Kaninchen, Eisdecke, man, Eskimohunde, Schneehühner, Kajak, Horizont,
Eskimos, spüren, nennt, gar nicht, Beute, Robben- und Fischfang, bedeckt, Vorfahren,
Wale, Jagd, Atemlöcher, Polarnacht, völlig, kurz, Iglus, Nordpol, Vorräte, Tundra,
vorsorgen, Walrosse, ergänzen, Robben

1 Streiche alle Nomen auf der Eisscholle durch. Ordne die übrigen Wörter alphabetisch und schreibe sie auf.

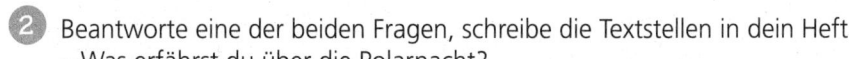

_____

_____

_____

2 Beantworte eine der beiden Fragen, schreibe die Textstellen in dein Heft.
  – Was erfährst du über die Polarnacht?
  – Wie leben die Inuit im Sommer?

③ Silbenrätsel

ben – ben – dra – Es – fah – fuchs – Ig – jagd – jak – Ka – ki – lar – le – lu – mos –
Nord – Po – pol – Ren – ren – Rob – Rob – ross – tier – Tun – Vor – Wa – Wal

1. Ahnen: _____

2. Nördlichster Ort auf der Erde: _____

3. Boot der Eskimos: _____

4. Fuchsart: _____

5. Winterwohnung der Eskimos: _____

6. Bevorzugte Jagd der Eskimos: _____

7. Sehr große Meeressäugetiere: _____

8. Seehunde nennt man auch: _____

9. Landschaftsform: _____

10. Anderer Name für Karibu: _____

11. Menschen, die in der Arktis leben: _____

12. Es hat lange Stoßzähne und ist nicht mit Pferden verwandt: _____

④ Schreibe die Wörter aus der Schlittenspur auf.
Achtung, manche werden groß- und manche kleingeschrieben. Wie viele Nomen sind dabei? _____

POLARNACHTBEUTEMANRENTIEREVÖLLIGVERSORGUNGFISCHFANG BEDECKTVORRÄTEKURZERLEGENSIEDLUNGURSPRÜNGLICH

_____

_____

_____

5 Der Fisch hat Verben gefressen. Suche die Reimpaare heraus und schreibe sie in dein Heft.

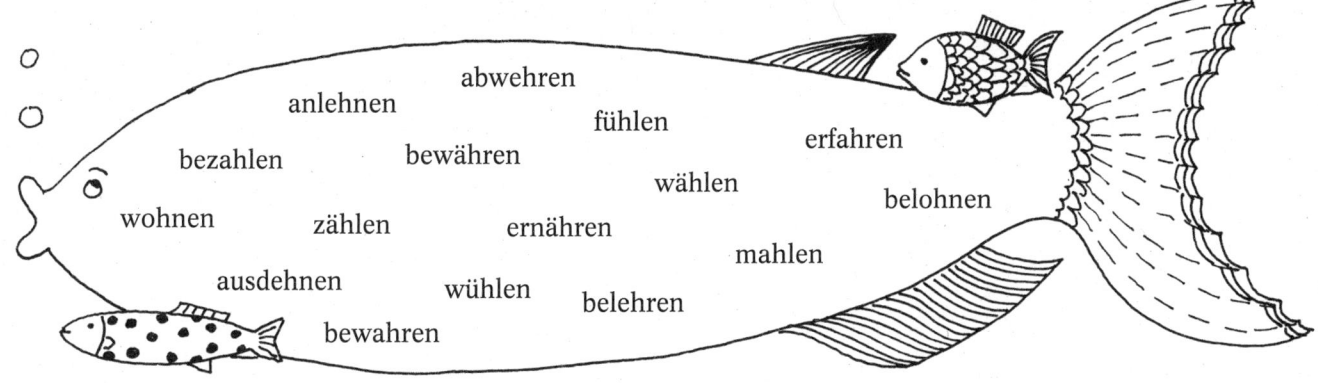

abwehren
anlehnen
fühlen
erfahren
bezahlen
bewähren
wählen
belohnen
wohnen
zählen
ernähren
mahlen
ausdehnen
wühlen
belehren
bewahren

6 Welche Tiere haben sich hier versteckt? Schreibe die Namen auf.

Eisninchen

Walhuhn

Robfuchs

Renbär

Polarbe

Kahund

Schneeross

Eskimotier

_____

_____

_____

_____

7 Suche zu den Tieren aus Aufgabe 6 die passenden Adjektive.
Schreibe sie gemeinsam mit Artikel in dein Heft.

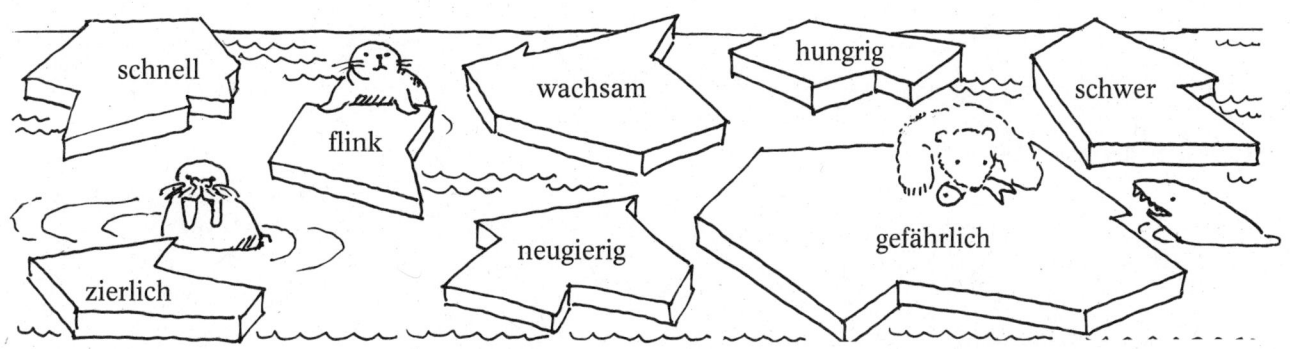

schnell
flink
wachsam
hungrig
schwer
zierlich
neugierig
gefährlich

8 Bilderrätsel

_____

_____

9 Setze in die Lücken des Textes die Lösungswörter aus Aufgabe 8 ein.

Das Leben der Eskimos hat sich sehr verändert. Nur noch selten setzen sie ihre _____

ein. Meist tun sie es für _____, die erleben wollen, wie die Eskimos ursprünglich

gejagt haben. In Siedlungen an der Küste, in denen jetzt viele Inuit in festen Häusern leben, kann man

Eisbären auf _____ beobachten. Das _____, ein wichtiges

Beutetier der Eskimos, ist im _____ seltener geworden. Aber nicht alles hat sich

verändert. Die Polarnacht dauert am _____ noch immer ein halbes Jahr.

10 Diktiert euch den Text.

11 Schreibe den folgenden Text in normaler Schreibweise auf.

DER ALTE ESKIMO SITZT BEIM
SCHNITZEN VOR DEM ZELT.
ER SCHNITZT DIE FIGUREN
NICHT NUR ZUM VERGNÜGEN.
DIE SCHNITZEREIEN VERKAUFT
ER AN TOURISTEN, WEIL ER
DAS GELD ZUM LEBEN BRAUCHT.
WIE DIE TIERE AUSSEHEN,
WEISS ER, WEIL ER SICH IHRE GESTALT
BEIM BEOBACHTEN EINGEPRÄGT HAT.
SEIN SOHN HAT SICH ZUM JAGEN
IMMER EINEN GESCHNITZTEN SEEHUND
ALS GLÜCKSBRINGER MITGENOMMEN.
VOR EINIGEN TAGEN HAT ER IHN
BEIM ZELTEN VERLOREN.
JETZT WÜNSCHT ER SICH
EINEN GESCHNITZTEN EISBÄREN.

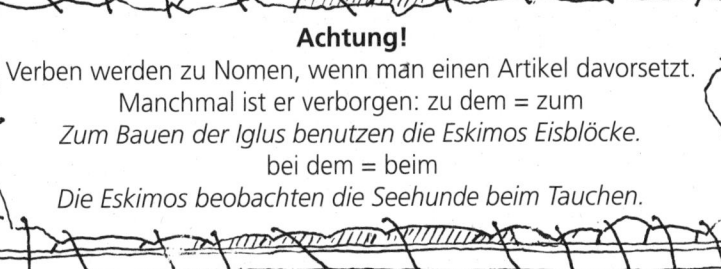

Achtung!
Verben werden zu Nomen, wenn man einen Artikel davorsetzt.
Manchmal ist er verborgen: zu dem = zum
Zum Bauen der Iglus benutzen die Eskimos Eisblöcke.
bei dem = beim
Die Eskimos beobachten die Seehunde beim Tauchen.

12 Unterstreiche die Nomen, die aus Verben entstanden sind, mit ihrem Begleiter in deinem Heft.
Beachte die Anmerkungen im Kasten.

13 Bilde Sätze mit „beim", „vom" und „zum". Verwende dabei die Verben aus der Bremsspur.

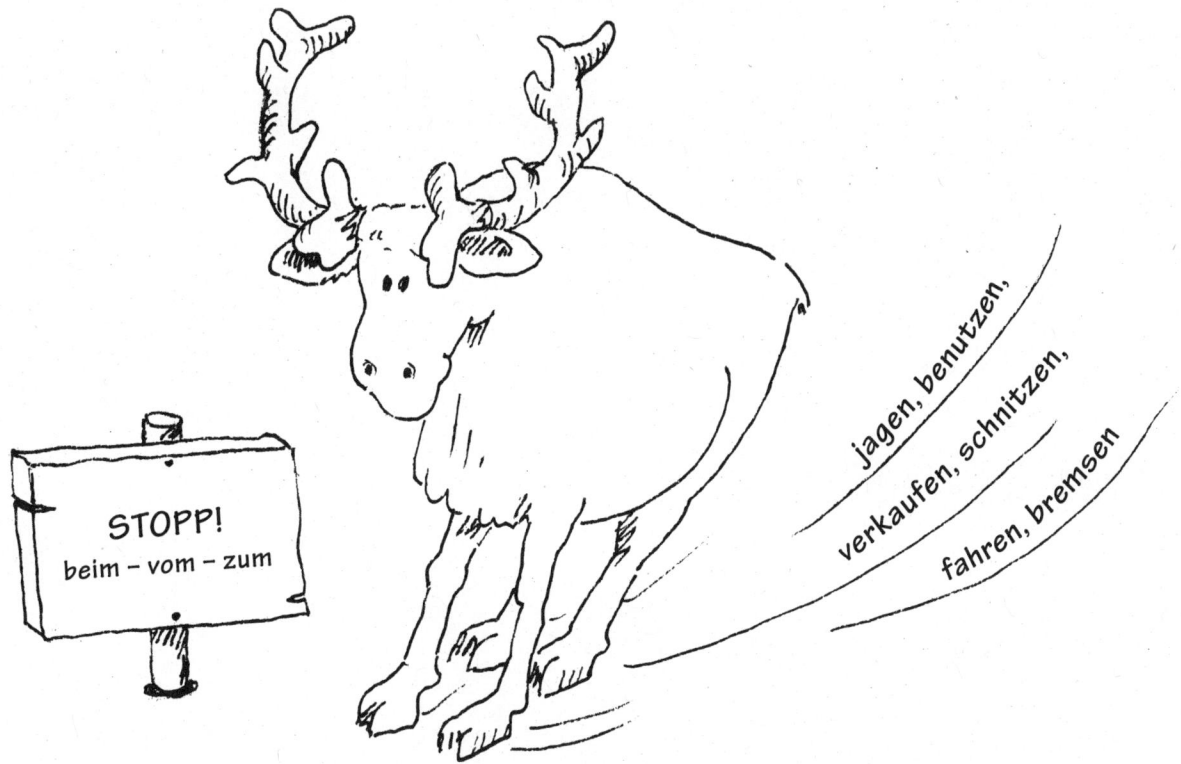

STOPP!
beim – vom – zum

jagen, benutzen,
verkaufen, schnitzen,
fahren, bremsen

Freizeit

Rudern

„Was hast du heute vor?", fragt Lisa Frederik, der gerade seinen Rucksack aufsetzt.
„Ich gehe mit Klaus und Andreas rudern. Seit vier Wochen gehören wir zum
Ruderverein von Schwanau." Frederik hatte in seiner Freizeit schon immer viel Sport
getrieben. Im letzten Jahr hatte er bei Schwimmwettkämpfen sogar einen Pokal
gewonnen. Lisa fragt: „Wassersport ist dir wohl am liebsten?" Begeistert erwidert er:
„Ja, und seit ich rudern gehe, ist es mir noch klarer geworden. Im Verein rudern wir
meist zu zweit. Es gibt auch Vierer- und Achterboote. Das Rudern ist ganz schön
anstrengend. Man muss nach dem Eintauchen des Ruders kräftig durchziehen, dann
schießt das Boot über das Wasser."
Lisa, die eigentlich Frederik zu einer Radtour überreden wollte, wird neugierig. An den
Rudersport hatte sie noch gar nicht gedacht. Gern würde sie mit den drei Jungen einmal zum Training gehen und sich alles anschauen. Sie sagt es Frederik.
Beide verabreden sich für nächste Woche.

Radtour, Pokal, überreden, anstrengend, meist, nach dem Eintauchen, Vierer- und
Achterboote, bei Schwimmwettkämpfen, gar nicht, am liebsten, Rucksack, klarer,
Training, erwidert, Ruderverein, betrieben, im letzten Jahr, sogar, schießt, zu zweit,
eigentlich, neugierig, wohl, begeistert, Wassersport, durchziehen, nächste Woche

1 Unterstreiche im Text die Wörter aus der Mauer.

2 Schreibe mindestens 9 Verben aus dem Text auf und jeweils die Grundform (Infinitiv) in die Tabelle.

Verben	Infinitiv

3 Vervollständige die Tabelle!

Positiv Grundstufe	Komperativ 1. Steigerungsstufe	Superlativ 2. Steigerungsstufe
lieblich		
	neugieriger	
		am ruhigsten
mutig		
	glücklicher	
eilig		
	sportlicher	
herrlich		
		am vorsichtigsten
gefährlich		
	leichtfertiger	
		am freundlichsten
kräftig		

4 Verbinde die Wortbausteine, sodass Adjektive entstehen, und schreibe sie in dein Heft.

bieg   selt   reiz   wirk   les

fühl   bar   sam   lang

rat   denk   wach   sicht   halt

5 Lisa und Frederik unterhalten sich über das Rudern. Schreibe ihr Gespräch auf! Denke an die Redezeichen!

> Kann ich nächste Woche einmal zum Training mitkommen?

> Ich denke schon, aber ich muss den Trainer fragen.

> Kannst du mich heute Abend anrufen?

> Mache ich.

> Tschüss!

> Tschüss!

Lisa fragt: _____

_____ ?

_____, erwidert Frederik, _____,

_____ .

_____, möchte Lisa wissen.

_____, antwortet Frederik. _____, rufen beide.

6 Schreibe die Sätze in Schreibschrift in dein Heft.

DIE VIER JUGENDLICHEN SIND EINE
MANNSCHAFT BEIM WETTKAMPF IM VIERER.

DIE ZWEI MÄDCHEN SIND EIN TEAM,
DAS VIEL TRAINIERT.

DIE ELF JUNGEN SIND EINE MANNSCHAFT
BEIM JUGENDTURNIER.

Die Sportvereine von Schwanau bieten eine Sportwoche an.
Das Programm hängt im Schaukasten der Sporthalle aus.

	Montag	Dienstag	Mittwoch	Donnerstag	Freitag	Samstag
vormittags	Eröffnung	Trampolin-springen Joggen	Staffelläufe Tischtennis	Krafttraining Handball	Inline-Skaten Tennis	Abnahme des Sport-abzeichens
Mittagspause von 12:00 bis 15:00 Uhr						
nachmittags	Judo Schwimmen	Rudern Fußball	Schwimmen Volleyball	Basketball	Hockey	Abnahme des Sport-abzeichens
Training für das Sportabzeichen						

7 Lisa hat das Programm gelesen und erzählt Frederik davon. Schreibe auf, was sie sagt, und benutze Zeitangaben wie die in der Kiste:

montags bis freitags, vormittags und nachmittags, am zweiten Tag, am nächsten Tag, am Donnerstagmorgen, Freitagnachmittag, am letzten Tag

Am Montagvormittag ist die Eröffnung der Sportwoche.

8 Verbinde je zwei Sätze mit „weil" und schreibe sie in dein Heft.
Setze ein Komma vor „weil" und achte darauf, dass du im Weil-Satz das Verb umstellen musst.

Frederik findet das Rudern anstrengend. Man **muss** das Paddel kräftig durchziehen.
Im Ruderverein machen sie auch Waldlauf. Man **braucht** im Wettkampf Kondition.
Bei allen Wettkämpfen erreicht Frederik gute Ergebnisse. Er **hat** hart trainiert.
Lisa möchte einmal zum Training des Rudervereins. Sie **hat** viele Fragen.
Rudern gefällt ihr. Man **trainiert** dabei den ganzen Körper.
Hallensportarten mag sie nicht so sehr. Man **ist** nicht an der frischen Luft.

Frederik findet das Rudern anstrengend, weil man das Paddel ...

9 In den Sportgeräten findest du Satzteile. Füge sie zu Sätzen zusammen.

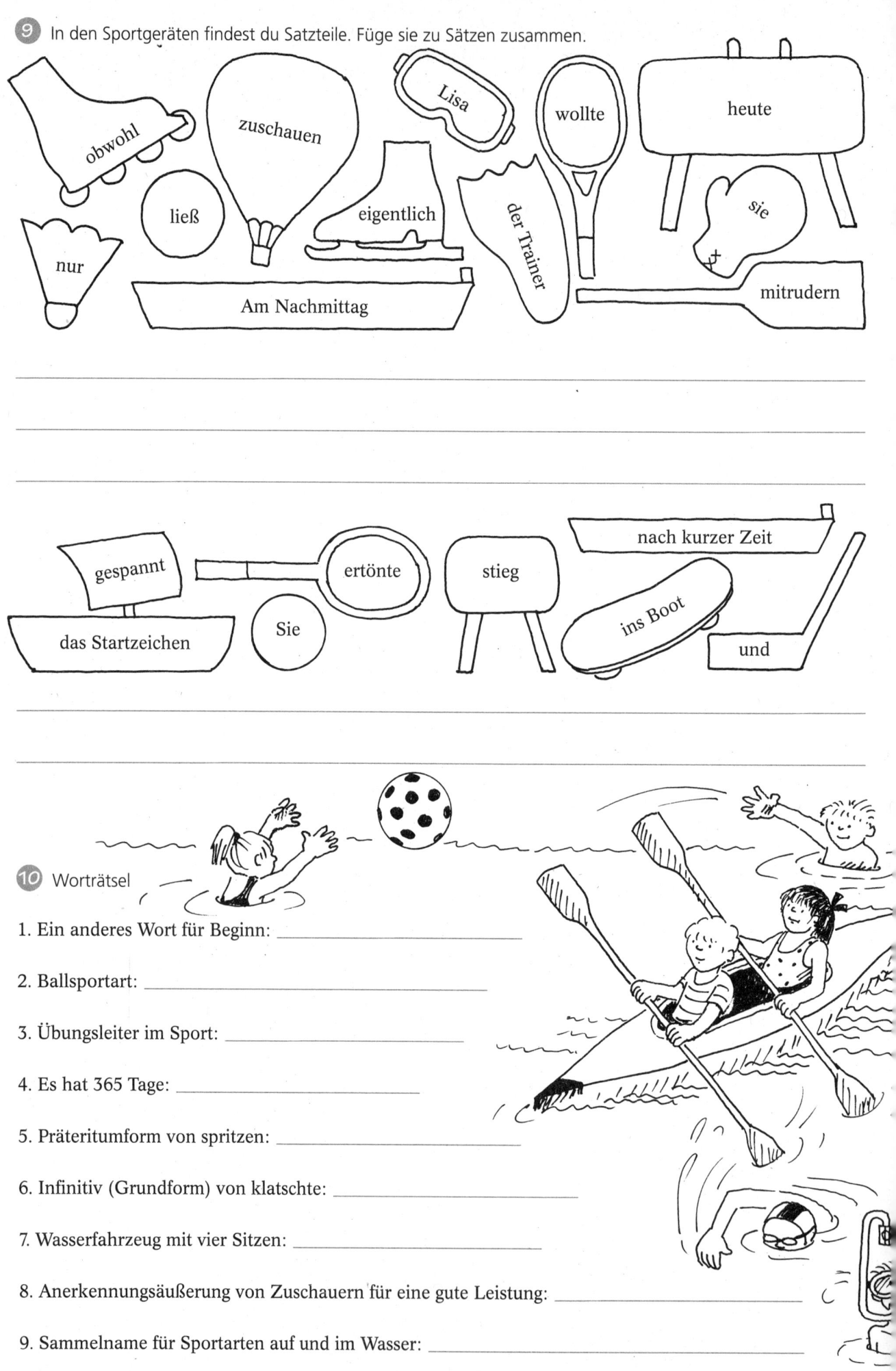

obwohl · zuschauen · Lisa · wollte · heute · ließ · eigentlich · der Trainer · sie · nur · Am Nachmittag · mitrudern

_____

_____

_____

gespannt · ertönte · stieg · nach kurzer Zeit · das Startzeichen · Sie · ins Boot · und

_____

_____

10 Worträtsel

1. Ein anderes Wort für Beginn: _____

2. Ballsportart: _____

3. Übungsleiter im Sport: _____

4. Es hat 365 Tage: _____

5. Präteritumform von spritzen: _____

6. Infinitiv (Grundform) von klatschte: _____

7. Wasserfahrzeug mit vier Sitzen: _____

8. Anerkennungsäußerung von Zuschauern für eine gute Leistung: _____

9. Sammelname für Sportarten auf und im Wasser: _____

Lösungen

Märchen

Seite 3, Aufgabe 2: Sie rief: „Warum wollt ihr denn zur Schule gehen, kommt doch mit mir."

Seite 3, Aufgabe 3: erschrocken, entdeckten, winziges Männlein, blickte, lud, ihm

Seite 4, Aufgabe 5: die lange Zeit/eine lange Zeit, ein kleines Dorf/das kleine Dorf, ein einsamer Hof/der einsame Hof, das nächste Dorf, ein steiniger Weg/der steinige Weg, eine piepsige Stimme/die piepsige Stimme, ein großer Stein/der große Stein, ein winziges Männlein/das winzige Männlein, ein hohler Baum/der hohle Baum, ein goldener Schlüssel/der goldene Schlüssel

Seite 5, Aufgabe 6: leben – er lebte; sein – es war; müssen – wir mussten; rufen – ich rief; liegen – er lag; hören – ihr hörtet; blicken – du blicktest; lassen – wir ließen; führen – ich führte; einladen – es lud ein; entdecken – ihr entdecktet; folgen – du folgtest; nicken – er nickte; fassen – es fasste; kommen – wir kamen; wollen – ihr wolltet; gehen – du gingst

Seite 6, Aufgabe 7: aufmuntern – aufmunternd, leben – lebend, fragen – fragend, rascheln – raschelnd, kommen – kommend, piepsen – piepsend, entdecken – entdeckend, einladen – einladend, folgen – folgend, nicken – nickend, führen – führend, liegen – liegend, tanzen – tanzend

Seite 6, Aufgabe 8: Ein winziges Weiblein blickte die Prinzessin aufmunternd an. Die Hexe streckte einladend die Hand aus. Das Männlein verschwand mit dem Kopf nickend in einem hohlen Baum. Der Spur folgend kamen die Kinder wieder nach Hause. Unter dem Baum liegend entdeckte er ein Vogelnest. Die Kinder schauten den Zauberer fragend an. Die Zwerge liefen raschelnd durch das Laub.

Seite 7, Aufgabe 9: müssen, musste, gemusst – fassen, das Fass, gefasst – küssen, der Kuss, geküsst – passen, der Reisepass, passend, verpassen – der Anlass, lassen, lässt, verlassen – hassen, gehässig, hasserfüllt, der Hass / nass passt nicht

Steinzeit

Seite 8, Aufgabe 1: sie, rief, liefen, schrien, ließen, liegen, die, schwierige

Seite 8, Aufgabe 2: die Bedeutung – bedeutete, der Blick – erblickte, der Schrei – schrien, die Überzeugung – überzeugt, die Entdeckung – entdecken, der Plan – plante, die Nahrung – ernähren, die Fundstelle – finden, der Schreck – erschrocken, der Schmuck – schmücken

Seite 9, Aufgabe 3:
1. Spuren, 2. Wohnhöhle, 3. Jagd, 4. Beeren, 5. Fundstelle, 6. Material, 7. Nahrung, 8. Korb, 9. Werkzeug, 10. Horde

Seite 9, Aufgabe 4: von oben nach unten: Stachelbeere, Holunderbeere, Preiselbeere, Brombeere, Himbeere, Johannisbeere, Erdbeere, Heidelbeere

Seite 9, Aufgabe 5: mögliche Lösungen: Beerenkorb, Einkaufskorb, Maulkorb, Fahrradkorb, Brotkorb, Basketballkorb

Seite 10, Aufgabe 6:
1. Anblick, 2. Augenblick, 3. augenblicklich, 4. Blick, 5. Blickrichtung, 6. erblickte;
1. aufschrecken, 2. erschreckte, 3. erschrocken, 4. Schreck, 5. schreckhaft, 6. schrecklich;
1. Anführer, 2. ausführen; 3. eingeführt;
4. führten, 5. Führung, 6. geführt;
1. einplanen, 2. Plan, 3. planlos, 4. plante, 5. Spielplan, 6. Stundenplan

Seite 10, Aufgabe 7:
1. Elefantenjagd, 2. Höhlenbär, 3. Kleidung, 4. Korb, 5. Material, 6. Nahrung, 7. Schlucht, 8. Schmuck, 9. Speerspitze, 10. Spur
Hier sind verschiedene Zuordnungen möglich: die deutliche Spur, das harte Material, die tiefe Schlucht, die rohe Nahrung, die warme Kleidung, der wertvolle Schmuck, der kunstvolle Korb, die dunkle Schlucht, der gefährliche Höhlenbär, die schwierige Elefantenjagd, die mühsame Elefantenjagd, die schwere Speerspitze

Seite 11, Aufgabe 8: Timo war auf der Bärenjagd. Keno war auf der Wolfsjagd. Urs war auf der Elefantenjagd. Roka war auf der Nashornjagd. Imo jagt Fische. Turo jagt Kaninchen. Selgo jagt Wildschweine. Keno und Mano jagen Enten.

Seite 11, Aufgabe 9: Einige Tage später kam Selgo von der Wildschweinjagd zurück. Lange Zeit hatte er in seinem Versteck auf Wildschweine gewartet und schließlich Enten gejagt. Plötzlich knackte es im Gebüsch. Sollte es doch noch etwas mit der Jagd werden? Ganz in der Nähe erblickte er einen gefährlichen Keiler. Selgo nahm leise seine Jagdwaffe in die Hand, doch der Keiler verschwand. Der Jäger kroch aus seinem Versteck und lief hinterher. Fest hielt er seinen Speer in der Hand. Er jagte das Tier den ganzen Tag. Endlich erlegte er den erschöpften Keiler. Noch nie hatte Selgo ein Tier so lange gejagt, aber die Jagd hatte sich gelohnt.

Seite 12, Aufgabe 11: Fund-stel-le, über-zeugt, er-schro-cken, schwie-ri-ge, ge-fähr-li-che, Bee-ren, Wohn-höh-le, Ma-te-ri-al, er-blick-te, bück-te, führ-ten, Nah-rung, Werk-zeug, lie-ßen, Spu-ren, plötz-lich, Speer-spit-ze, Ele-fan-ten-jagd, Feu-er-stein, Ent-de-ckung

Seite 12, Aufgabe 12: Feuerstein, Speerspitze, Jagdzauber, Wasserstelle, Felsenschlucht, Rückweg, Monate, Versteck, Wurfspeer, Nahrung

Seite 13, Aufgabe 13:
ärgerlich, Ärger, verärgert, Ärgernis, ärgern – hoffentlich, Hoffnung, hoffen, gehofft, hoffnungslos – dreht, verdreht, Drehung, aufdrehen, Drehtür – entdeckt, Entdeckung, Entdecker, entdecken, entdeckte

Magnetismus

Seite 14, Aufgabe 2: Pappe, Arzt, Geschenk, T-Shirt, Vorstellung, Zauberhut, Idee, Kurve, Zimmer, Figuren, Magnet, Zaubertrick

Seite 15, Aufgabe 4: „Macht es gut!", ruft Frau Schneider ihren beiden Mädchen zu und fährt zum Arzt. Und schon ruft Tine: „Katrin, was spielen wir?" „Wenn ich das nur wüsste", denkt Katrin. „Abrakadabra, die Vorstellung beginnt!", ruft sie laut.

Seite 15, Aufgabe 6: Frau Schneider kommt zurück. „Ich bin da!", ruft sie. Tine läuft auf sie zu und erzählt: „Katrin hat gezaubert." Überrascht fragt Frau Schneider: „Katrin kann zaubern?" „Ich beweise es dir", schlägt Katrin vor. „Da bin ich aber gespannt", erwidert Frau Schneider. „Ja, ja, ich möchte es auch noch einmal sehen!", schreit Tine aufgeregt.

Seite 16, Aufgabe 7: Paul und Katrin kommen aus der Pause gerannt. Die Physikstunde beginnt. Der Lehrer behauptet, dass er zaubern kann. Paul erkennt seine Chance und setzt dagegen. Der Lehrer nennt die Versuchsbedingungen. Sofort erinnert sich Paul an eigene Versuche mit seinem Stabmagneten. Er könnte diesen Versuch selbst vorführen. Während die anderen gespannt dem Lehrer zuschauen, lehnt er sich entspannt zurück. Er brennt darauf, den Trick aufzudecken. Auf ein Zeichen des Lehrers kommt er nach vorne und wiederholt den Versuch. „Ich habe nicht geglaubt, dass du gewinnst", sagt der Lehrer.

Seite 16, Aufgabe 8: Die Verbpaare sind im Präsens nach dem Alphabet geordnet.
bellt – bellte, brüllt – brüllte, flattert – flatterte, füllt – füllte, hallt – hallte, hofft – hoffte, klettert – kletterte, knallt – knallte, krallt – krallte, knittert – knitterte, öffnet – öffnete, rattert – ratterte, rollt – rollte, schallt – schallte, stellt – stellte, stimmt – stimmte, will – wollte

Seite 17, Aufgabe 9: Waagerecht: Senf, Figuren, ständig, Tor, Kurve, Platz, gespannt, getan, wir, knapp/Knappe, Oellampe/n (Öllampen), Gruppe; Senkrecht: wog, tun, Gier, Ärger, Idee, Pappe, Tanne/n, Not, Tanz, Ärzte

Seite 17, Aufgabe 10: Ständig dreht sich der Magnet. Du musst aufpassen, gleich fällt er herunter. Katrin lässt die Münze jedes Mal neue Figuren tanzen. Sie muss aufpassen, denn beim Üben fiel die Münze ständig herunter.

Seite 18, Aufgabe 11:
Katrins Fische: jedes Mal, dieses Mal, ein paar Mal, beim letzten Mal, das dritte Mal, manches Mal; Pauls Fische: die Male, einige Male, wenige Male, viele Male, mehrere Male

Seite 18, Aufgabe 13: Hufeisenmagnet, Magnetpol Magnetkraft, Magnetnadel, Magnettafel, Türmagnet, Stabmagnet, Magnetfeld, Magnetberg

Seite 19, Aufgabe 14:
Norden und Süden: anhält, anstoßen, aufpassen, bestätigt, erfahren, gekommen, getan, dreht, vorbereitet, vorgeführt
Westen: ärgerlich, beweglich, frei, komisch, magnetisch
Osten: Kompass, Physikraum, Physikstunde, Ruhe, Stabmagnet

Überwinterung

Seite 20, Aufgabe 2: die Fledermäuse, der Herbstabend, der Ultraschall, die Gegenstände, die Ohrmuscheln, der Fettvorrat, das Winterquartier

Seite 21, Aufgabe 3: Sie orientieren sich mit Ultraschall. In kurzen Abständen stoßen sie für uns unhörbare, sehr hohe Töne aus. Treffen die Töne auf Gegenstände, werden sie zurückgeworfen. Mit ihren großen Ohrmuscheln fangen die Fledermäuse das Echo auf. Kommt der Schall schnell zurück, ist das Hindernis ganz nah.

Seite 21, Aufgabe 4:
Nomen mit Begleiter: die Fledermäuse, die Ohrmuscheln, der Biologe, im Dunkeln, der Fettvorrat, das Hindernis, die Abstände, die Insekten, die Töne, das Winterquartier, die Gegenstände, das Echo, der Herbstabend, der Schall, der Ultraschall
Verben: hängen, denkt, flattert, zurechtfinden, genießt, orientieren, interessiert, zurückgeworfen, dämmert, orten, anfressen, kreist
Adjektive: kopfunter, kurzen, unhörbare, hohe, nah

Seite 21, Aufgabe 5: davon, entlang

Seite 22, Aufgabe 6: Die aufgeführten Verben werden getrennt geschrieben.

Seite 22, Aufgabe 7: Die Fledermäuse bereiten sich auf den Winter vor. Ein Tier flattert an den Bäumen entlang. Fledermäuse finden sich im Dunkeln zurecht. Sie stoßen unhörbare Töne aus. Gegenstände werfen die Töne zurück. Die großen Ohrmuscheln der Fledermäuse fangen das Echo auf. Der Schall kommt zurück. Die Fledermäuse fressen sich einen Fettvorrat an.

Seite 23, Aufgabe 9: der Abstand – die Abstände, der Ton – die Töne, die Fledermaus – die Fledermäuse, der Gegenstand – die Gegenstände, der Fettvorrat – die Fettvorräte, der Garten – die Gärten, der Kopf – die Köpfe, der Baum – die Bäume, der Sturm – die Stürme, der Telegrafendraht – die Telegrafendrähte, der Zugvogel – die Zugvögel

Seite 24, Aufgabe 10: Der Biologe jagt bei Tag nach Insekten. Er sieht einen Schmetterling, springt über das Hindernis und fängt ihn mit dem Kescher. Die Fledermäuse jagen im Dunkeln nach Insekten, sie stoßen hohe Töne aus und fangen das Echo auf. So orten sie ihre Beutetiere und fangen sie im Flug.

Seite 24, Aufgabe 11: Anfang August ziehen die Rauchschwalben zum Teich und übernachten im Schilf. Am nächsten Tag fliegen sie wieder über die Wiesen und suchen Insekten. Ende August sitzen sie auf den Telefondrähten und starten später in den Süden.

Seite 25, Aufgabe 12: Der Igel beginnt seinen Winterschlaf, wenn die tägliche Durchschnittstemperatur unter 15 °C sinkt. Das Eichhörnchen wacht im Winter auf, wenn das Wetter schön ist. Der Fuchs frisst sich einen Fettvorrat an, wenn im Herbst der Tisch reich gedeckt ist. Mehrere Vögel stellen sich auf Körnerfutter um, wenn die Insekten verschwunden sind. Die Frösche wachen aus ihrer Winterstarre auf, wenn im Frühling die Sonne warm scheint. Die Zugvögel fliegen davon, wenn die Nahrung knapp wird.

Seite 25, Aufgabe 13: Wenn die Störche in den Süden ziehen, ist der Winter nicht mehr weit. Wenn sehr viel Schnee fällt, füllt der Förster die Futterkrippen. Wenn der Winter kommt, suchen die Fledermäuse ihre Winterquartiere auf. Wenn die Kraniche kein Futter mehr finden, fliegen sie weiter.

Haustiere

Seite 26, Aufgabe 2: Das Fell der Katze war struppig, dünn und ohne Glanz. / Sie blickte scheu. / Sie war unterernährt (mager), verstört und hatte Angst.

Seite 26, Aufgabe 3: Katzen benötigen einen Platz, wo sie sich sicher fühlen, und sie brauchen ihr vertrautes Revier.

Seite 27, Aufgabe 4: Merle liest, dass Katzen Fleischfresser sind. Sie erfährt, dass die Katze nicht krank ist. Sie meint, dass der Tierarzt Merkblätter zur artgerechten Pflege hat. Merle weiß, dass Katzen viel Bewegung brauchen. Merle vermutet, dass erschreckte Pferde scheuen. Merle erfährt, dass Kühe wiederkäuen. Sie behauptet, dass aufgeregte Hühner durcheinandergackern. Merle liest, dass Schweine Allesfresser sind. Sie beobachtet, dass Hunde Fremde verscheuchen. Merle weiß, dass Gänse bei Gefahr zischen.

Seite 27, Aufgabe 5: Der Arzt erklärte, dass falsche Ernährung Haustiere krank macht. Der Arzt behauptete, dass durch schlechte Unterbringung Haustiere krank werden.

Seite 28, Aufgabe 6: Tierarztpraxis, Haustiere, Ziege, Wiese, Fliegen, Ziegel, Biene, Kieselsteine, Gießkanne, Liegestuhl

Seite 28, Aufgabe 7: Die Gänse fliegen schnatternd aus dem Stall. Der Hahn spaziert stolz über den Hühnerhof. Die Kühe liegen wiederkäuend im Gras. Die Katzen spielen mit dem Wollknäuel. Der Bauer friert ohne seine Mütze an den Ohren. Der Hund riecht mit seiner feinen Nase jede Spur. Die Hühner verlieren während der Mauser ihre Federn. Das Pferd siegt bei einem schwierigen Springturnier.

Seite 28, Aufgabe 8: Tierarzt, Revier, interessieren, viel, Haustiere, vielleicht, Kleintiere, Ziegen

Seite 29, Aufgabe 9: ohne Mut – mutlos, ohne Glanz – glanzlos, ohne Kraft – kraftlos, ohne Gefahr – gefahrlos, ohne Bewegung – bewegungslos, ohne Hoffnung – hoffnungslos / voll Hoffnung – hoffnungsvoll, voll Liebe – liebevoll, voll Sorgen – sorgenvoll, voll Kraft – kraftvoll, voll Klang – klangvoll, voll Angst – angstvoll

Seite 29, Aufgabe 10: glanzlos, bewegungslos, sorgenvoll, liebevoll, kraftlos, hoffnungsvoll, gefahrlos

Seite 30, Aufgabe 11: probierte, jonglierte, spazierte, stolzierte, passierte, trainierte, interessierte, reagierte

Seite 30, Aufgabe 12: probierte – probieren, jonglierte – jonglieren, spazierte – spazieren, stolzierte – stolzieren, passierte – passieren, trainierte – trainieren, interessierte – interessieren, reagierte – reagieren

Seite 31, Aufgabe 15: Gänse sind ganz besonders niedlich, wenn sie noch ganz klein sind. Sobald sie aus dem Ei schlüpfen, folgen sie dem Lebewesen, das sie zuerst sehen und hören. Ganz besonders lustig ist das, wenn es ein Mensch ist. Eine kleine Gans folgt dann diesem Menschen auf Schritt und Tritt. Sie ist ganz und gar auf ihn geprägt. Der Mensch ist dann die Ersatzmutter der kleinen Gans.

Seite 31, Aufgabe 16: drängte – drängen, schnurrte – schnurren, benötigte – benötigen, überlegte – überlegen, erlebte – erleben, wusste – wissen, gab – geben, vernachlässigte – vernachlässigen, hob – heben, spannte – spannen

Elektrizität

Seite 32, Aufgabe 2: Georg weiß, dass eine Glühlampe nur leuchtet, wenn die Leitung zwischen Stromquelle und Lampe nicht unterbrochen ist. Normalerweise kann er den Stromkreis mit dem Lichtschalter öffnen und schließen.

Seite 32, Aufgabe 3: „Mutter", ruft er, „die Glühlampe in meinem Zimmer ist durchgebrannt!"

Seite 32, Aufgabe 4: „Schaut aus dem Fenster", ruft Mutter, „alles ist dunkel!" „Oh je!", denkt Georg, „die Hauptleitung muss unterbrochen sein."

Seite 33, Aufgabe 5: Hier sind verschiedene Lösungen möglich: herausdrehen, herausziehen, herauslesen, herauskommen, herausstellen, herausholen, herausfallen, herausklappen, herausschreiben, herausfinden; hereinkommen, hereinholen, hereinstellen, hereinschauen; herunterbrennen, herunterfallen, herunterklappen, herunterdrehen, herunterziehen, herunterlesen, herunterkommen, herunterstellen, herunterholen

Seite 33, Aufgabe 6: schreibt ... heraus, holt ... heraus, holt ... herunter, dreht ... heraus, kommt ... herein, findet ... heraus, brennt ... herunter

Seite 34 Aufgabe 7: Schluss – schließen, Guss – gießen, Biss – beißen, lassen – ließ, Fluss – fließen, Riss – reißen, Genuss – genießen, fressen – fraß, essbar – aß, verlassen – verließ

Seite 34, Aufgabe 8: schließen – Schluss, genießen – Genuss, fließen – Fluss, gießen – Guss

Seite 35, Aufgabe 9: Stromkreis, Kreislauf, Laufbahn, Bahnhof, Hoflicht, Lichtzeichen, Zeichenblock, Blockhaus, Haustür

Seite 35, Aufgabe 10: das Stromkabel, der Stromstoß, der Wechselstrom, die Stromquelle, der Stromkreis, die Stromleitung; das Tageslicht, der Lichtstrahl, der Lichtschein, der Lichtschalter, die Lichtquelle, das Kerzenlicht

Seite 36, Aufgabe 11: ent-ge-gen, nor-ma-ler-wei-se, drau-ßen, ir-gend-wo, span-nend, durch-ge-brannt

Seite 36, Aufgabe 12: Frau Meier steigt aus – auf der Anzeigetafel des Fahrstuhls leuchtet im ersten Stock die Eins auf. Frau Müller ist angekommen. Jetzt leuchtet die Zwei auf. Frau Vogt ist auf ihrem Stockwerk. Es leuchtet die Drei. Herr Söller ist auf seiner Etage. Es leuchtet die Vier.

Seite 36, Aufgabe 13: die zwei Pole, die vierzehn Glühlampen, die achtzehn Klingeln, die vier Lichtschalter, die dreißig Treppenstufen, die achtzig Hausbewohner

Am Polarkreis

Seite 37, Aufgabe 1: bedeckt, ergänzen, erlegen, gar (nicht), kurz, man, nennt, nicht, spüren, und, völlig, vorsorgen

Seite 37, Aufgabe 2: Im Winter gibt es Tage, an denen die Sonne gar nicht über den Horizont kommt. Dies nennt man Polarnacht. Im Sommer leben die Inuit in ihren Zelten an der Küste oder in der Tundra und gehen auf die Jagd. Sie fahren mit ihrem Kajak auf das Meer und erlegen Robben, Wale und Walrosse, Eisbären, Kaninchen, Schneehühner und andere Tiere, die dort leben.

Seite 38, Aufgabe 3:
1. Vorfahren, 2. Nordpol, 3. Kajak, 4. Polarfuchs, 5. Iglu, 6. Robbenjagd, 7. Wale, 8. Robben, 9. Tundra, 10. Rentier, 11. Eskimos, 12. Walross

Seite 38, Aufgabe 4: Es sind sieben Nomen in der Wörterschlange enthalten. bedeckt, Vorräte, kurz, erlegen, Siedlung, ursprünglich, Polarnacht, Beute, man, Rentiere, völlig, Versorgung, Fischfang

Seite 39, Aufgabe 5: anlehnen – ausdehnen, bewähren – ernähren, abwehren – belehren, erfahren – bewahren, bezahlen – mahlen, fühlen – wühlen, wählen – zählen, wohnen – belohnen

Seite 39, Aufgabe 6: Eisbär, Rentier, Schneehuhn, Kaninchen, Walross, Robbe, Eskimohund, Polarfuchs

Seite 39, Aufgabe 7: Hier sind verschiedene Zuordnungen möglich: der wachsame Eskimohund, das schnelle Rentier, der neugierige Polarfuchs, das gefährliche Walross, der hungrige Eisbär, das zierliche Schneehuhn, das flinke Kaninchen, die schwere Robbe

Seite 40, Aufgabe 8: Hundeschlitten, Walross, Polarmeer, Müllplätze, Touristen, Nordpol

Seite 40, Aufgabe 9: Hundeschlitten, Touristen, Müllplätzen, Walross, Polarmeer, Nordpol

Seite 41, Aufgaben 11 und 12: Der alte Eskimo sitzt beim Schnitzen vor dem Zelt. Er schnitzt die Figuren nicht nur zum Vergnügen. Die Schnitzereien verkauft er an Touristen, weil er das Geld zum Leben braucht. Wie die Tiere aussehen, weiß er, weil er sich ihre Gestalt beim Beobachten eingeprägt hat. Sein Sohn hat sich zum Jagen immer einen geschnitzten Seehund als Glücksbringer mitgenommen. Vor einigen Tagen hat er ihn beim Zelten verloren. Jetzt wünscht er sich einen geschnitzten Eisbären.

Freizeit

Seite 42, Aufgabe 1: überreden, erwidert, betrieben, schießt, durchziehen

Seite 42, Aufgabe 2: Hier eine Auswahl von Verben: hast – haben, fragt – fragen, aufsetzt – aufsetzen, gehe – gehen, hatte – haben, betrieben – betreiben, gewonnen – gewinnen, ist – sein, geworden – werden, erwidert – erwidern, gibt – geben, muss – müssen, schießt – schießen, wollte – wollen, wird – werden, gedacht – denken, würde – werden, sagt – sagen

Seite 43, Aufgabe 3: lieblich, lieblicher, am lieblichsten; neugierig, neugieriger, am neugierigsten; ruhig, ruhiger, am ruhigsten; mutig, mutiger, am mutigsten; eilig, eiliger, am eiligsten; sportlich, sportlicher, am sportlichsten; herrlich, herrlicher, am herrlichsten; vorsichtig, vorsichtiger, am vorsichtigsten; gefährlich, gefährlicher, am gefährlichsten; leichtfertig, leichtfertiger, am leichtfertigsten; freundlich, freundlicher, am freundlichsten; kräftig, kräftiger, am kräftigsten

Seite 43, Aufgabe 4: fühlbar, biegbar, reizbar, lesbar, haltbar, sichtbar, denkbar / ratsam, biegsam, seltsam, wirksam, langsam, wachsam

Seite 44, Aufgabe 5: Lisa fragt: „Kann ich nächste Woche einmal zum Training mitkommen?" „Ich denke schon", erwidert Frederik, „aber ich muss den Trainer fragen." „Kannst du mich heute Abend anrufen?", möchte Lisa wissen. „Mache ich", antwortet Frederik. „Tschüss!", rufen beide.

Seite 44, Aufgabe 6: Die vier Jugendlichen sind eine Mannschaft beim Wettkampf im Vierer. Die zwei Mädchen sind ein Team, das viel trainiert. Die elf Jungen sind eine Mannschaft beim Jugendturnier.

Seite 45, Aufgabe 7: (Die Reihenfolge und der Aufbau der Sätze sind nur eine Möglichkeit des Gesprächs.) Am Montagvormittag ist die Eröffnung der Sportwoche. Die ganze Woche werden vormittags und nachmittags die verschiedenen Sportarten angeboten. Am zweiten Tag stehen Trampolinspringen, Joggen, Rudern und Fußball auf dem Programm. Staffelläufe, Tischtennis, Schwimmen und Volleyball können wir uns am nächsten Tag anschauen. Am Donnerstagmorgen finden das Krafttraining und Handball statt, Freitagnachmittag dann Hockey. Für das Sportabzeichen kann man montags bis freitags am Nachmittag trainieren. Die Abnahme des Sportabzeichens findet am letzten Tag statt.

Seite 45, Aufgabe 8: Frederik findet das Rudern anstrengend, weil man das Paddel kräftig durchziehen muss. Im Ruderverein machen sie auch Waldlauf, weil man im Wettkampf Kondition braucht. Bei allen Wettkämpfen erreicht Frederik gute Ergebnisse, weil er hart trainiert hat. Lisa möchte einmal zum Training des Rudervereins, weil sie viele Fragen hat. Rudern gefällt ihr, weil man dabei den ganzen Körper trainiert. Hallensportarten mag sie nicht so sehr, weil man nicht an der frischen Luft ist.

Seite 46, Aufgabe 9: Am Nachmittag ließ der Trainer Lisa mitrudern, obwohl sie eigentlich heute nur zuschauen wollte. Sie stieg gespannt ins Boot(,) und nach kurzer Zeit ertönte das Startzeichen.

Seite 46, Aufgabe 10:
1. Start, 2. Wasserball, 3. Trainer, 4. Jahr,
5. spritzte, 6. klatschen, 7. Viererboot,
8. Beifall, 9. Wassersport